バックキャスト思考で創る学級経営

赤坂真二 著

はじめに

あなたのキャリアを守り育てる力を

▶ 「あれども見えず」の学級経営の課題

　今，学級経営に悩む先生方が増えています。いや，正確には，学級経営の問題というよりも，日々の教育活動が思ったようにできていなくて，なんとなく「やりがい」を感じられていない状態と言った方がいいかもしれません。

　A先生は初任の教師です。こんな話をしてくれました。

　「なぜ，うちのクラスばかり問題が起こるのでしょうか。学年主任の○○先生の言うことは聞くのに，私の言うことをちっとも聞きません。きっと，担任が，○○先生だったら，こうはならないはずです。私は，教師に向いていないんじゃないかと思います。

　自分の力がないと言ってしまえばそれまでなんですが，あのクラスは，初任の私にはちょっとしんどいクラスだと思っています。言い過ぎかもしれませんが『ハズレのクラス』だったのかもしれません。

　先輩たちは『学級経営が大事だ』って言うけれど，私が困っているのは，明日の授業のことなんです。それに，『学級経営が大事だ』って言っているのに，『教師は授業で勝負』とか言われるし，まったくわけがわかりません。

　そもそも，学級経営って何か，よくわからないんです。大学で習ったことありませんし」

　こうした思いをもっているのはA先生だけではないでしょう。多くの若手の先生の共通の葛藤だと思われます。子どもの問題行動や気になる行動は，本人の認知や行動の特徴，つまり，子ども本人の要因からのみ起こっているわけではなく，クラスの状態やその子を取り巻く人間関係など，周囲の状況，つまり，環境要因から起こることも少なくありません。

　しかし，環境要因の存在を知らない場合は，問題行動を含む気になる行動

を全て本人の問題として捉えてしまうわけです。視点がないから、見えないわけです。その上、ベテランたちから「よい授業をすればよい集団が育つ」と言われれば、気になる行動や問題行動は、授業の未熟さから来ていると思ってしまうことでしょう。

　また、ベテランたちは「授業を支えているのは日常の子どもとのかかわり」だとなんとなくわかっているから、未熟な授業を見ると「学級経営が大事だ」と伝えることがあります。受け取る若手は、「授業が大事？　学級経営が大事？　一体、どっちなの？」となるわけです。

　「よい授業をすればよいクラスになる」というのは、嘘ではありませんが、そればかりではないのが現実です。学級崩壊と呼ばれるようなクラス全体が混乱に陥る状況が発生する前は、逸脱行動や問題行動をする子がいてもそれは、全体から見れば少数派で、かつての多くの教室には集団による教育力がありました。教師に叱られることは平気な子どもも、クラスメイトから嫌われることは良しとしないので、授業が成立していたら個人的に教師に反抗することはあっても、クラス全体の秩序を乱そうとまではしなかったのです。

　しかし、学級崩壊という現象は、子ども同士の関係が希薄で、集団の教育力が低下するばかりではなく、マイナスの教育力を発動している場合もあり、さらに授業という土俵に上がってこない子どもたちがいるわけです。土俵に上がってくれないことには相撲が取れません。土俵に上がろうとしない子どもたちに、「土俵で勝負！」と言っても、勝負になりません。

　学級崩壊という現象が起こるようになってから、「教師は授業で勝負」という教師力を象徴するこの言葉は、以前よりも注意して解釈し、使用するべき言葉になったのです。子どもたちに、基礎学力をつけることが大事なことは、今も昔も変わりませんが、**今の教師は、基礎学力の前に、「学力基礎」とも呼ぶべき力を育てる力が求められるようになっているのです。**「読み」「書き」「計算」といったレベルの学習を支える知識や技能を基礎学力とする

はじめに　3

と，学力基礎は基礎学力を身に付けるための，学ぶ意味を理解し，学ぼうとうする意欲や態度のようなものを指すと考えていいでしょう。

▶ 学級経営の悩みは若手だけのものではない

　学級経営の悩みというと「若手の課題」と捉えられがちです。そう捉えている方々は，現在学級担任を離れている方々が多いように思います。彼らが学級担任だった時代は，まだ，学級崩壊の事例もそれほど多くなく，実際に学級経営の悩みは，若手の課題だったのです。

　一方で，40代後半，50代でも学級担任として頑張っておられる方がたくさんいます。彼らの多くは学級経営が初歩的な課題だとは思っていないことでしょう。全国学力・学習状況調査で常に上位にランキングされている自治体の研修会の折，あるベテランから以下のような感想をいただきました。

　「私は今年で教員20年目になります。先生がお話しされていたように，年々いわゆる大変なクラスを任されることが多く，しかも**『できて当たり前』**を求められるような気がしています」

　また，別な方からは，

　「**『管理しやすいクラス＝良いクラス』**ではないという言葉がとても心に残りました。**規律のあるクラスにしようとついつい厳しく接してしまうことが多かった**のですが，授業をもっと大切にしていきたいと思いました。今はまだ休み時間に子どもと遊んで関係づくりを行っていますが，学習を通じての関係づくりも行っていきたいです」

といった声も寄せられました。

　ベテランはベテランで学級経営に悩んでいます。しかし，学級経営は「若手の課題」であり，学級経営は「できて当たり前」の課題と捉えられている

風潮が，こうしたベテランの葛藤を生み出しています。

　また，キャリアが長くなると，かつてうまくいった方法で今の子どもたちに対応しようとします。以前の子どもたちは，今よりも学校生活への適応度が高く，教師の管理的なリーダーシップを受け入れてくれる場合も多々ありました。しかし，近年の学級経営の難しさは，今の子どもたちが，これまでの学校や教師のやり方を良しとしなくなっていることも１つの要因となっています。

▶ 学級経営と教師のキャリア

　学級経営という営みには，特有の悩ましい性格があります。若手のときは，指導の難しいクラスを任されることはないとは言いませんが，一般的ではありません。しかし，年齢を重ねるほどに指導の難しいクラスを担任することが多くなります。

　しかし，校内研修や教育委員会が主催する公的な研修も，授業スキルの向上，ICT の活用，インクルーシブ教育などトレンドに関する内容が設定されることは多々ありますが，学級経営の研修や研究はほとんどなされません。正確に言えば，学級経営の研修は，なされていても単発や即効性はあるが汎用性の低い方法，ネタの紹介に終わっていて，学級経営力を育てるようなものにはなっていないことが多いのです。

　つまり，**学級経営に関しては，実力はさほどついていないのに，ハードルだけは高くなる**のです。また，学級経営を学ぼうと思っても，学ぶ場が少なく，結果的に（かつてうまくいったつもりの）「我流」の指導法に頼ることになります。場合によっては，「誤った指導法」を信じて，「間違いを繰り返す」ようなことが起こります。毎年，年度の後半になるにつれてクラスが落ち着きをなくし，不登校傾向の子どもを出してしまいます。しかし，学級崩壊や明白な不登校などの深刻な問題にならず，すれすれのところで，年度が終わるので根本的な改善がなされないままに，過ちを繰り返すことになります。

年齢を重ねるほどに
指導の難しいクラスを
任される確率は高まる

学級経営を学ぼうにも
学ぶ場が少ない

しかし，授業研究は
なされるが，
学級経営の研究は
なされない

誤った指導法を
正しいと信じて
間違いを繰り返す

実力はついて
いないのに
ハードルだけは高くなる

子どもや保護者から
ダメ出しをもらう

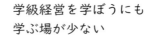

　そして，あるとき，不満を我慢しない子どもの反発や保護者からの「ダメ出し」をもらって，心が折れるような事態になることがあります。授業を失敗しても，休んだり職を辞したりする教師はほとんどいませんが，子どもや保護者とうまくいかなくなって休職したり辞職したりする教師はいるのです。つまり，クラスの荒れは，みなさんのキャリア形成を危機に晒す可能性があるのです。

　学級経営を学ぶということは，みなさんのキャリアを守ることにもなるのです。私は，不思議でならないのです。これだけ教員不足と言われながら，どうして今学校現場にいる先生方を守ろうとしないのか，教師のキャリアを守るために必要な力をつけることをシステム化しないのでしょうか。

キャリアの危機

授業を失敗しても休職,辞職する人はいない

子どもや保護者とうまくいかなくなったとき…

▶ **教職の魅力とは**

　読者の多くは,学校の先生方だと思われますが,みなさんはそもそもなぜ教職を選ばれたのでしょうか。教員採用試験の倍率低下が問題になっています。教職は魅力を失ってしまったのでしょうか。教員採用試験の倍率の低下の理由として,よく指摘されるのが以下の4つです。

　1つ目は,大量採用された世代の教員が定年退職を迎えており,その補充のために採用者数が増えていること。2つ目は,少子化によって人材不足は民間企業でも問題になっていて,採用状況が好調なため,教職以外の道を選ぶ人が増えていること。3つ目,長時間労働や部活動指導などの負担が大きく,「ブラック」な職場環境と見なされていること,4つ目は教員の不祥事や事件の報道によって教職への信頼が低下していることです。3つ目と4つ目の理由は,SNSなどでも感情的にあおるように伝達されるために,注目されがちですが,そもそもの求人が増えていることを見逃してはならないでしょう。

　しかし,SNSや教職に対するネガティブな報道は,教職に対するイメー

ジを下げ，教員採用試験の受験者のマインドに少なからず影響を与えていることは間違いありません。一方で，なぜ，イメージが低下しているにもかかわらず新卒受験者数があまり減っていないのでしょうか。そこらへんを読み解くことで，教職の魅力を理解し，それを拡充することで，教職の魅力を再発見，再構築することができるかもしれません。

　愛知教育大学教員養成開発連携センターの「教師の魅力プロジェクト」において「教員の仕事と意識に関する調査」（2016年2月）では，小中高等学校の5割を超える教員が，高校生のころまでに教員を志望していて，教員の志望動機としてもっとも高かった上位3つは

　「子どもが好きだから」
　「憧れる先生がいたから」
　「人を育てる仕事だから」

でした。中学，高等学校の教員では，「教科の勉強が好きだから」というのも高い割合でしたが，総じて高い割合を示したのは，先ほどの3つでした。

　また，ゼミ所属の学生が，実施した教育大学の学生に「教職への志望動機」についてインタビュー調査をしました。ここで聞かれたのは，

　「長時間労働に関しては耳にしているが，子どものことを考えるとそっちの方への思いが強いから，学生の今はあまり気にしていない」
　「教師っていう仕事は楽しさの方が大きいと思っていて，やりがいや楽しさの方が，多忙さに勝っている」

と子どもとのかかわりを重視するコメントでした。

　教職を目指す学生たちの意識の中では，長時間労働や多忙さを認識しながらも，思い描く教職の魅力がそれに対する不安を凌駕していました。私も本

学の１年生に教職への志望動機を尋ねてみたところ，やはり，子どもへの思いや，また，自分に親身にかかわってくれた恩師への憧れが多く聞かれました。

　これらの調査や聞き取りから，現職の教員やそれを目指す学生は，**子どもに強い関心をもち，その成長にかかわりたいとの思いが，教職に人を引き付ける要因**であることが窺えます。こうした思いを守り育てることが魅力ある学校現場を創っていくのではないでしょうか。

▶ 魅力創出の最初の一歩であり切り札

　学級経営という営みは多岐にわたりますが，その根幹にあるのは教師と子どもの信頼関係です。教師と子どもの絆は，子どもの挑戦を促すエネルギーになり，子どもの「できた！　わかった！」を引き出します。つまり学級経営は教職の魅力を創出する第一歩であり切り札であると言えるのです。

　教師と子どもの絆に基づく学級経営は，教師がそれを思い描かない限り実現しません。**人がかかわる全てのものは，一度人の頭の中で構想されることを通して実現する**という構造をもちます。したがって，教師が頭の中で理想を描くからこそ，その世界が実現するのです。しかし，頭に理想像を描くことは，学級経営のスタートラインについたにすぎません。頭に理想を描いたら，実現するほど，理想の学級の実現は単純かつ即席なものではありません。学級経営は複雑で時間のかかる営みです。

　理想を実現するには，それなりの技術が必要です。その有力な選択肢となるのが，本書のテーマであるバックキャスト思考です。**バックキャスト思考は，答えのない課題の解決に有効だとされている**考え方です。学級経営のような，筋書きのないドラマの創造に取り組む場合，みなさんの強力なサポーターとなってくれることでしょう。バックキャスト思考の学級経営でみなさんの理想の教室づくりをぜひ実現していただければと思います。

赤坂真二

CONTENTS

はじめに **あなたのキャリアを守り育てる力を**

「あれども見えず」の学級経営の課題　2

学級経営の悩みは若手だけのものではない　4

学級経営と教師のキャリア　5

教職の魅力とは　7

魅力創出の最初の一歩であり切り札　9

第1章 **学級経営におけるバックキャスト思考**　13

1　スペシャリストたちの呟き　14

2　「つぎはぎ」の教室　17

3　成果を上げる教師　19

4　目標の力　20

5　処方箋の罠　22

6　能動的な指導に導く発想　26

7　目標達成の2つの思考　27

8　バックキャスト思考　30

9　学級経営が理想を実現しづらい要因　32

10　バックキャスト思考と学級経営　36

フレームワークとビジョン　41

1　バックキャスト思考のフレームワーク……………………………… 42
2　「制約」の受容こそがスタート ……………………………………… 46
3　理想を阻む要因を洗い出す …………………………………………… 48
4　ビジョンは「要」……………………………………………………… 51
5　授業づくりか学級づくりか …………………………………………… 55
6　「制約」としての深い学び …………………………………………… 59
7　理想としての深い学び ………………………………………………… 62
8　深い学びを実現する子どもの力 ……………………………………… 66
9　深い学びの教室の構造 ………………………………………………… 69
10　学習指導要領が求めるクラス像 …………………………………… 76
11　理想としての自治的集団 …………………………………………… 81
12　自治的活動における自治的能力 …………………………………… 83
13　自治的集団の構成要素 ……………………………………………… 85
14　子どもにとっての自治的集団 ……………………………………… 89
15　学校に行く意味の創造①　ホスピタリティ ……………………… 93
16　学校に行く意味の創造②　共有体験 ……………………………… 97
17　学級のカルチャー …………………………………………………… 102
18　自治的集団の学級カルチャー ……………………………………… 105
19　合意形成の教室 ……………………………………………………… 112
20　自治的集団への懸念 ………………………………………………… 117
21　教師主導集団と自治的集団 ………………………………………… 122
22　同調圧力を越えて …………………………………………………… 124
23　子どもの幸せと学級経営 …………………………………………… 129

アクションはフォアキャストで 137

- 1　現在と未来のギャップを洗い出す ……………………………………… 138
- 2　ビジョン達成のために①　基盤づくり ……………………………… 145
- 3　ビジョン達成のために②　ルールの内在化 ………………………… 151
- 4　ビジョン達成のために③　あたたかな雰囲気の醸成 ……………… 157
- 5　ビジョン達成のために④
　　協力的な雰囲気とコミュニケーションスキルの向上 ……………… 161
- 6　ビジョン達成のために⑤　問題解決能力の育成 …………………… 169
- 7　ビジョン達成のために⑥　リーダーシップの育成 ………………… 174
- 8　シナリオ的学級経営プラン …………………………………………… 181

引用文献　185
おわりに　190

第1章 学級経営における バックキャスト思考

1 スペシャリストたちの呟き

　近年，多くの学級経営のスペシャリストとコラボして，写真1のような学級経営に関する書籍を上梓してきました。各学年別のシリーズ本は，幸いにして多くの先生方から支持していただいています。こうした書籍の編集をしていて気づかされるのは，学級経営の達人とかプロと呼ばれるような教師も過去に失敗をしたエピソードを記していることです。当たり前といえば当たり前ですが，これまでコラボをしたほぼ全員が失敗のエピソードを記してく

写真1 『人間関係形成能力を育てる学級経営365日ガイドブック』

れています。ビジネスマンの中には,「他者の成功談から学ぶことは何もない」と言い切っている方もいます。むしろ失敗は学びの宝庫だと認識しているようです。彼らも,幾多の失敗を繰り返し,達人やプロの立ち位置にいるのかもしれません。

『人間関係形成能力を育てる学級経営365日ガイドブック』の6年生を担当した髙橋は,以下のようなエピソードを書籍の中で述べています。

みなさんは,学級経営で失敗したことがありますか?
私はあります。

手を抜いていたわけではないと思います。休み時間は子どもと遊び,夜は遅くまで学校に残って日記やノートにコメントし,朝早くから教材研究をしていました。学級レクやお楽しみ会など子どもの喜ぶことをしました。悪いことがあれば,いけないことだと叱りました。学級経営について学んだのにうまくいかない…

うまくいかないことが続いた私は,学級経営について学び始めます。学級経営の達人は,どのような特別な方法で学級経営をしているのか,最初は方法論ばかりに目を向けていました。私は学んだことをもとにして

帰りの会で元気いっぱいになる挨拶の仕方を試しました。
友達同士で仲良くなるゲームを試しました。
授業が盛り上がる話し合いの仕方を試しました。
他にもいろいろな方法を試しました。

どの方法もはじめてすぐには少し効果があるのですが,すぐにその効果もなくなってしまいました。学級担任の達人のような効果を上げることが私にはできなかったのです(髙橋,2024)[1]。

第1章 学級経営におけるバックキャスト思考　15

写真２　髙橋の著書

髙橋は，冒頭に掲げた書籍以外にも，『授業の腕をあげるちょこっと「全教科」スキル』『教師力が高まるちょこっと時短・働き方スキル』（古舘良純氏との共著，明治図書）といったとても人気のあるシリーズや『学級経営を「失敗してしまった先生」と「成功につながった先生」のちょっとだけ違う思考法』や『図解見るだけでポイント早わかり　算数授業研究』（いずれも明治図書）など，ネタやスキルを扱ったものから，教科指導や教師の思考法まで実に幅広く研究し，発信している教師です。

　しかし，こうした側面は髙橋の実力の一側面を表現しているに過ぎません。勤務校では学級担任をしながら研究主任などの重要な校務を担う，学校をリードするミドルリーダーです。担任する子どもたちは勿論ですが，同僚からも信頼される実践家です。そんな髙橋でも学級経営に苦しみ，それをリカバリーするために猛勉強しても，それでも成果を上げることができなかったと言っています。

　髙橋の実践は，何も誤っていないように思われます。学級経営がうまくいかないことを反省し，そして学級経営を学び，懸命に取り組んでいたことが伝わってきます。しかし，うまくいきません。

　手を抜いているわけではなく，方法だって達人たちから学んでいた髙橋がなぜ，うまくいかなかったのでしょうか。

2 「つぎはぎ」の教室

その理由を髙橋は，次のように言います。
「私は，どんな願いをもって学級経営をしていたかというと，
『子どもから人気の先生になりたい』
『周りの先生から「すごい！」とほめられたい』
『子どもから舐められたくない』
でした。子どものための願いをもっている達人の先生方と，自分本位な願いしかもっていない私。たとえ同じ実践をしたとしても，私がこのような考えでいる限り，その実践が成果をあげることはない」（髙橋，前掲）[2]。

髙橋は，うまくいかなかった自分は，自分のために勉強し，自分のために**実践を積み重ねていた**と振り返ります。「経験学習」を研究する松尾は，人の成長について，精神的成長を重視します。精神的成長とは「仕事に対して適切な「思い」を持つようになること」と言い，適切な思いとは，「自分の

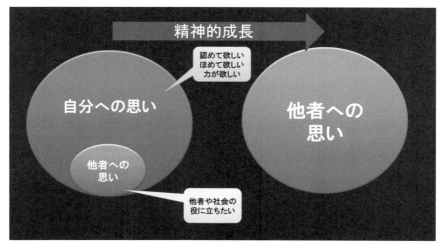

図1　精神的成長（松尾，2011をもとに筆者作成）

ことだけでなく，他者のことでも配慮できること」と言います（松尾，2011）[3]（図１）。また，プロフェッショナリズムに関する研究知に基づき，プロフェッショナルとは，「普通の人にはまねのできない高度な知識やスキルを持つと同時に，他者に奉仕することに意義を感じることがプロフェッショナルの条件」と指摘します（松尾，前掲）[4]。

　つまり，髙橋の振り返りによれば，彼は，がむしゃらに勉強はしましたがそれは，「自分のため」だったのかもしれません。しかし，やがて，プロたちが卓越したスキルを「子どものため」に，学び使っていることを知り，関心を自分から子どもに向けるようになります。髙橋は，自分のうまくいかなかった状況を，「失敗」と振り返っていますが，学びを止めることをしない髙橋にとっては，**その失敗は，精神的成長を果たし，プロフェッショナルになるための過程だった**ことがわかります。

　方法論を貪欲に学んだ髙橋の教室は，当初，優れた教育技術に満たされながら，一方で，それらはばらばらな方向を向いている，いわば「つぎはぎの教室」だったのかもしれません。しかし，それらは「子どものため」に活用するというベクトルを獲得したときに，つぎはぎの縫い目が見えなくなり統合され，「一貫性」となって子どもの成長として表出したのでしょう。そして，髙橋は子どもから慕われ，周囲から一目置かれる存在となったのだと思われます。

　髙橋の授業を拝見したことがあります。かつてはしんどい状況で授業の成立もままならなかったと言われる６年生たちが，実に真剣に学習に取り組んでいました。個別に課題に取り組んでいるかと思うと，特に何かを指示しなくても，自然と相談やディスカッションが始まり，協力し合いながら学習していました。髙橋はそれをにこやかに見守りながら，時折「その考え，素敵だね」と内容に関して認めたり，「そうやって助け合えるなんて，嬉しいね」と学び方に対する肯定的なフィードバックをしたりしていました。子どもたちの安心感が参観しているこちらにも伝わってきました。

3 成果を上げる教師

　学級経営を扱った書籍としては世界的ベストセラーとも言える，ハリー・ウォン，　ローズマリー・ウォンの『世界最高の学級経営　the FIRST DAYS OF SCHOOL —How to be an effective teacher』に，成果を上げる教師の３つの特徴が示されています（ウォン・ウォン，稲垣訳，2017）[5]。

1　学級経営がすばらしい

2　子どもの学びと熟達のために授業を行うことを心得ている

3　子どもの成功に対して前向きな期待をしている

　教科指導と生徒指導を別々の教師が担当するアメリカの学級経営と全人教育を目的とし，教科指導も生徒指導も１人の教師が行う日本の学級経営では，異なるところもあるでしょうが，子どもたちの成長を促すには，学習環境の質が大事であることは共通していることがわかります。

　この書籍の中で，成果を上げる教師の授業や学びに対する考え方が示されています。「子どもたちと信頼関係を築き，安全かつ体系立ったクラスをつくって初めて知識やスキルを教えることができる」。また，「成果を上げる教師は常に学び手に意識を向けている」（ウォン・ウォン，稲垣訳，前掲）[6]。ここからも**成果を上げる教師は，常に子どもたちに関心を向け，子どもとの信頼関係を築きながら，学びやすい教室環境をつくっている**ことがわかります。

　子どもに前向きな期待をするということは，子どもたちは１人残らず成長する，伸びる力があると信じることです。これは教師期待効果とか，ピグマリオン効果として知られていることです。そして授業をすることは，教師自身のすごさを示すためのものではなく，子どもが学習し成長するためのものであるという認識の大切さを言っています。やはり，**プロフェッショナルは，自分への称賛，承認への欲求を越えて，他者のために物事をなす人たちである**ことがここでも述べられているのです。

4 目標の力

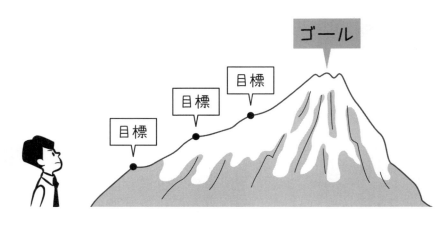

　ウォンらは，成果を上げる教師の特徴を解説してくれているわけですが，教師にとって成果とは，子どもの成長を引き出し，彼らの自己実現に寄与することと言っていいでしょうし，公教育の成果とは，教育を受けた人たちが社会的平等や経済発展など豊かな社会の実現に貢献し，それを通じて一人一人が自己実現をすることではないでしょうか。
　そこには，子どもたちの学力や人格形成に向けた向上的変容があり，それを導く指導力をもった教師が成果を上げる教師だと言っていいのではないでしょうか。
　ウォンらの主張には，成果を上げることに対するシンプルな原則が展開されています。成果を上げることにおいて重視されているのが目標との向き合い方です。ウォンらの主張は，「目標の達成こそが，子どもたちが最終的に得るもの」であると極めて明確に言い切っています（ウォン・ウォン，稲垣訳，前掲）[7]。つまり，**成果とは目標を達成すること**と考えられます。

ウォン・ウォン（稲垣訳，前掲）は，目標を達成するためには，授業は「終わりをイメージして始める」と言い，「授業を楽しい活動を中心に計画するのではなく，達成すべき結果から，計画を始めるべき」との立場をとります[8]。

　この主張は，駆け出しの小学校教師だったときの自分には，ずいぶんと耳の痛い話です。授業を考えるときに，どうやったら盛り上がるかという，「活動」や「流し方」にばかり関心を向けて授業づくりをしていたことがよくありました。

　「明日の授業，何をしようかな」と考えるときに，「導入」「展開」「終末」で言えば，「導入」や「展開」から考え始めるのです。今思えば，「そもそも何をしようかな」というスタートのところから誤っていたのではないでしょうか。こうした思考は，授業の「ネタ」や「指示」「発問」「活動」などに強い関心を寄せる一方で，子ども不在になりがちです。

　その結果，そこそこの盛り上がりは見せましたが，子どもは何を学んだのか，どんな変容をしたのかが曖昧になっていたと思います。そんな時間を積み重ねても，子どもに力がつくわけがありません。最初こそ，子どもたちは「先生の授業は楽しい」と言ってくれましたが，「楽しいだけ」の授業はやがて飽きられます。１学期あたりは，「先生は，今度は何をしてくれるのだろうか」とワクワクした表情で授業を待っていてくれました。

　「授業をワクワクして待つ子ども」，これは一見，学習者として望ましいように思われるかもしれませんが，「待っている」時点で，受け身になっています。子どもたちは確かに，「喜んで」いました。「盛り上がり」ました。しかし，それは「ネタ次第」で，私がしっかり準備できなかった授業をすると，停滞した空気が漂い，２学期の半ばにはそれが常態化していたわけです。１年経ってみると，同学年の他のクラスと比べると力がついていないのが一目瞭然でした。

　成果を上げるには，つまり教育効果を上げるには，目標設定についてもっとしっかり考えなくてはならなかったのです。

5 処方箋の罠

　このような状態を，ハッティ（山森監訳，2018）は先行研究をもとに「処方箋の罠」と呼びます[9]。処方箋とは，「学力向上を保障するとかいう謳い文句や，場合によっては証拠のようなものをつけたりして，特定の指導方法を押し付けるようなもの」のことを言い，「方法そのものが問題なのではなく，効果的な指導と学習の原理に基づいて実践していないことが問題である」と指摘しています[10]。

　これは新人教師や勉強熱心な教師に起こりがちなことかもしれません。書籍やインターネットで情報を積極的に取り入れ，またセミナーにも顔を出して貪欲に学ぶことはすばらしいことです。それらの情報は，著名な方が発信していたり，効果ありとのいくらかの事実と共に耳に入ってきたりします。

　しかし，その指導を成り立たせる原理やそれを受け取る学習者の状況を理解せずに，教師の思いだけで実践すると「うまくいかない事態」に遭遇することでしょう。優れた方法論のもつきらびやかさや権威を鵜呑みにして，細かな実践における配慮事項を飛ばしてしまうわけです。用法容量を守らず，薬を服用するようなものです。副反応が起こることは当然のことと思われます。

　つまり，その実践がなぜ効果を発揮するのかのメカニズムを知らず，処方箋の効果を鵜呑みにして，子どもたちの実態を考慮することなく実践している受動的な実践態度になっているわけです。

　これはあまり勉強しない教師においても同じことが起こります。従来通りの指導法にこだわっている教師は，情報のインプットが少なく，より効果的な方法を知らないために，効果的ではないやり方で従来通り指導しようとします。一見この人たちは，主体的に従来通りの指導法を実践しているように

自分の好み優位の授業づくり
従来通りの低コスト授業づくり
どちらも基本構造は同じ

学習者　＜　やり方，教材

教材・授業法と学習者が乖離
＝受動的な指導

思われますが，「選択肢がない・少ない」という状態に陥っていて，受け身の実践をしていると言えます。他の方法を知らないから，そうせざるを得ないわけです。

　実践現場では，本セミナーで熱心に学ぶ教師とそれには消極的な教師の対立が起こることがあります。前者からすると，どうしてこの人はこんなに効果的な方法があるのに学ぼうとしないのだ，と見え，後者からすると，○○法だとか○○メソッドだとか言っているけど，勉強ばっかりしていて子どもを見ていない，と見えるわけです。しかし，両方ともに，子どもの成長や実態を見据えていない，受け身の実践的態度に陥っている可能性もあるわけです。こうした構造を，ウォン・ウォン（稲垣訳，前掲）も次のように指摘しています[11]。

- 成果を上げられない教師は「子どもを静かにさせる」ための仕掛けやゲーム，アクティビティを探すことに熱心である。
- 成果を上げる教師は「子どもたちの学びに役立つ」ような研究を常に意識していて，その研究に熱心である。

目標達成が困難な教師は，子どもを管理したり，教室が盛り上がったりする即効性のある小手先の手法を求める一方で，成果を上げる教師は，子どもの達成と成長を実現するという本来の目的を忘れることなく学び続けているということです。教師の学び方について，さらに，ウォン・ウォン（稲垣訳，前掲）は，

1　研究プロセスを理解している
2　研究に基づいた，実績のあるやり方を実践する
3　データを活用し，教え方や学びに役立てている

ことを指摘しています[12]。

　時々刻々と変化する子どもたちの実態に対して学ぼうとしない教師は，徐々にその変化についていけなくなることでしょう。**世の中は常に変化しているわけですから，立ち止まることは「遅れる」ことを意味します。**しかし，ただ，学べばいいかというとそうではありません。何のために，どのように学ぶのかということも問われます。

　例えば，ある教育方法の先駆的な実践者や権威者が登壇するセミナーや講演会などに参加します。圧倒的な実践や情熱的な語りに心を動かされ，早速，できることをやってみます。しかし，うまくいかないということが起こります。なぜ，「すごい先生のすごい方法」を模倣してもうまくいかないのでしょうか。考えてみればあたり前のことではないでしょうか。

　そもそも子どもの実態が違いますし，何よりも，あなたとその講師の基本的な考え方が異なっています。優れた方法は，多くの場合は，開発者の強い問題意識が発端となってつくられたものです。裕福な地域と自分の勤務する地域の学力がこんな差があるのはおかしいとか，子どもたちがクラスの荒れによって互いに傷つけ合っているのは受け入れがたいとか，強い願いが根底にあります。

　向後（2015）は，教えること・学ぶことは，教え手と学び手の両者によってつくられる全体的なシステムだと言います[13]。教え手だけでも学び手だけ

でも，教えることは成立せず，教え手と学び手，そして教え方，それを取り巻くコンテクストが一体となって教えること・学ぶことが成立すると言います（向後，前掲）[14]。コンテクストとは，背景，状況，場面，文脈を意味しますが，教師と子どもの関係性や，教室においては子ども同士の関係性など状況や文脈を無視して，教え方だけ模倣して同様の効果を上げようというのはいささか無理があります。もちろん，教えることを変えることによって，システム全体に変化が起こることはあり得ますが，教え方だけを過剰に評価することは気をつけるべきではないでしょうか。

　どんな目的で，どんな子どもたちを対象にして，どのような状況で開発された方法なのか，そして，その有効性はどんな方法で確認されたのかを知らずに実践することは，ある意味危険なことではないでしょうか。「この方法をやったら，こんな効果があった」と言っても，果たして何人くらいの子どもたちに効果があったのでしょうか。ひょっとしたら，効果を伝えるのに都合のいいごく少数の事例を紹介され，それを鵜呑みにしてしまっているかもしれません。

【システム】
教師と子どもの関係
子ども同士の関係
取り巻く環境
互いを規定する文脈

【教えること・学ぶこと】
教え手と学び手の両者によってつくられる全体的なシステム

6 能動的な指導に導く発想

　「教師のお好み」思考や「楽しい活動」思考の授業，また，「教科書通り」
思考，「経験則」思考の授業は，教師を受動的な指導態度に誘ってしまいま
す。教師が指導に対してイニシアチブをもつにはどうしたらよいのでしょう
か。

　ハッティ（山森監訳，前掲）は，「能動的指導というのは多くの場合逆向
きで計画されるものである。教科書ありきで指導を考えたり，好みの指導内
容や，伝統的な学習活動を構想したりするのではなく，期待する成果（達成
目標と達成基準）から構想するという意味で逆向き設計と呼ぶ」と言い，教
師の能動性を引き出すために，逆向き設計の発想を重視しています[15]。ハッ
ティは，教師がこうした思考法をすることで，教科書に準拠した指導，好み
の指導内容，方法，学習活動の善し悪しを，目標達成に寄与し得るかという
視点で評価するよう促すと言います（ハッティ，山森監訳，前掲）[16]。

　最初から教科書に準拠した指導，好みの指導内容，方法，学習活動が悪い
というわけではないのです。**方法優位の考え方は，教師の指導に対する能動
性を奪い，目標達成，つまり子どもの成長に寄与できなくなってしまうため
に**よくないと言っているわけです。もちろんそれらの方法論の中に目標達成
に寄与し得るものがあれば，それは適切な方法として採用すべきという判断
ができるわけです。

　他者が考案した優れた指導法を採用するとき，どんなにその指導法の開発
者の権威やカリスマ性があっても，それが自分の目の前の子どもたちの成長
につながらない場合は，その指導方法は不適切だと判断するわけです。しか
し，同じ方法でも，子どもの成長に資すると教師が判断した場合は，「判断
するという主体性」を発揮することになります。

7 目標達成の2つの思考

　逆向き設計の発想は，主に教育，とりわけ授業計画の発想として発展してきていますが，もう少し広い領域で注目されている類似した概念として，バックキャスト思考があります。**バックキャスト思考とは，「未来のあるべき姿を考え，そこから逆に現在を見ること」**と言われています（石田・古川，2018）[17]（図2）。学術的な用語ではなく。それを使う人によって若干の意味の違いがありますが，おおよそのイメージはつかめることと思います。

　それに対して，**過去の実績をもとに，取り組み事項の将来的な着地点を予測しようとする手法のことをフォアキャスト思考**と言います。目標と予測した着地点のギャップを埋めるために，対応策やシナリオを時系列に設定するアプローチです（図2）。

　フォアキャスト思考は従来，様々な場面で用いられてきたものと思われます。

　例えば，ビジネス戦略では，過去数年間の売上データを分析し，来年度の売上予測を立てる，また，現在の市場シェアと競合他社の動向から，5年後の自社のポジションを予測し，それに基づいて事業計画を策定するなどが行われます。

　また，製品開発においては，現在の技術トレンドをもとに，今後3年間で登場する可能性が高い新製品を予測し，研究開発の方向性を決定したり，過去の消費者行動の変化を分析し，将来的な需要を予測して新製品のラインナップを計画したりします。人材育成においても，現在の従業員のスキルセットを評価し，今後必要となるスキルを予測して段階的な研修プログラムを設計したり，過去の離職率データを分析し，将来の人材流出リスクを予測して，人材定着策を立案したりしています。

教育においてもフォアキャスト思考はごく一般的に見られます。カリキュラム設計においては，現在の教育内容や学習到達度をもとに，将来的な学習目標を設定します。現在の学力・学習状況調査や学力テストの結果を分析し，今後の学力向上の予測を立てることはよく見聞きすることです。進路指導においては，過去数年間の進学率のデータをもとに将来の進学傾向を予測し，それに合わせた進学指導プログラムが作成されていることでしょう。

　教員の専門性向上のための研修プログラムにもフォアキャスト思考が活用されています。現在の教育課題や教員のスキルギャップを分析し，将来必要とされる教員のコンピテンシーを予測して，段階的な研修プログラムを設計しています。過去の教育改革の傾向をもとに，将来の教育制度の変更を予測し，それに対応するための教員研修計画を立案しています。かつては，特別支援教育に関する研修，近年，数多く設定されている ICT 機器の活用技能向上に関する研修などはこうした流れの中で設定されたものかと思われます。
　しかし，フォアキャスト思考には次のような弱点が指摘できます。

⑴ 急激な変化への対応力不足
　フォアキャスト思考は現在の状況や過去のトレンドをもとに将来を予測するため，急激な変化や予期せぬ事態に対応することが難しいです。VUCA と呼ばれる変動性，不確実性，複雑性，曖昧性が高い現代社会では，この弱点が顕著になります。

⑵ 革新的なアイディアの欠如
　現状の延長線上で考えるため，既存の枠組みを超えた革新的なアイディアや解決策を生み出しにくいという問題があります。前例踏襲主義，年功序列尊重，同調圧力があると言われる私たちの国の職場風土では，より新しいアイディアが生まれにくい土壌にあると言えるでしょう。

03 望ましい未来の実現が困難

フォアキャスティングでは，現在の状況から出発して将来の目標を特定せずに進行するため，その結果として描かれる未来が必ずしも望ましいものであるとは限りません。

04 長期的視点の欠如

短期的な予測や計画には適していますが，長期的な視点で大規模な社会経済的変革を考える際には不十分である可能性があります。

05 制約に囚われやすい

現在の制約条件や既存のシステムに囚われやすく，大胆な発想や抜本的な改革を行いにくいという弱点があります。

06 複雑な問題への対応力不足

相互に関連し合う複雑な問題に対して，総合的な解決策を見出すことが難しい場合があります。

複雑化高度化した，また正解の見えない課題が日々生起する現代社会では，フォアキャスト思考では心もとなさが指摘され，注目されてきたのがバックキャスト思考です。バックキャスト思考は，企業戦力，環境問題への取り組み，製品開発，都市計画など幅広く取り入れられていますが，個人のキャリプランや教育など人を育てる分野にも採用が進んでいます。

自己啓発の勉強を熱心にしている方や，どうしても達成したい目標のある方は，割と自然にバックキャスト思考を取り入れているのではないでしょうか。ダイエットへの取り組みなどは，もっとも身近で頻繁に見られる取り組み例かもしれません。

8 バックキャスト思考

　バックキャスト思考が注目される理由には，以下のようなものが挙げられるでしょう。

⑴ SDGs との親和性

　SDGs（持続可能な開発目標）はバックキャスト思考を基本として作成されました。長期的な視点で持続可能な社会を実現するためには，望ましい未来像から逆算して現在の行動を決定するバックキャスト思考が適しています。

⑵ 革新的なアイディアの創出

　バックキャスト思考は，現状の制約に囚われすぎることなく，自由な発想を促します。これにより，既存の枠組を超えた革新的なアイディアや解決策を生み出しやすくなります。

⑶ 長期的な視点の獲得

　バックキャスト思考は，長期的な目標達成に向いています。企業の長期戦略や社会問題の解決など，長期的な視点が必要な場面で特に有効です。

⑷ 正解が見えない問題への対応

　バックキャスト思考は，誰も解決策をもたない問題やテーマに対してアプローチするのに有効です。未知の課題に対して，望ましい未来像を描くことで新たな解決策を見出すことができます。

⑸ 成長志向のアプローチ

　バックキャスト思考は成長誘導型の思考パターンです。高いレベルの目標

を設定し，そこに到達するためのプロセスを考えることで，個人や組織の成長を促進します。

06 変化の激しい時代への適応

現代社会のように変化が激しく，不確実性が高い環境下では，過去のトレンドだけでは未来を予測しきれません。バックキャスト思考は，望ましい未来を描くことで，変化に適応しやすい柔軟な戦略立案を可能にします。

これらの理由から，バックキャスト思考は現代のビジネスや社会課題解決において注目を集めています。ただし，短期的な目標達成には不向きであるため，状況に応じてフォアキャスト思考と使い分けることが重要です。本書を活用されるみなさんは，バックキャストかフォアキャストかといった，0－100思考にならず，それぞれに強みと弱みがあるので，目的に応じて使い分けていただきたいと思います。

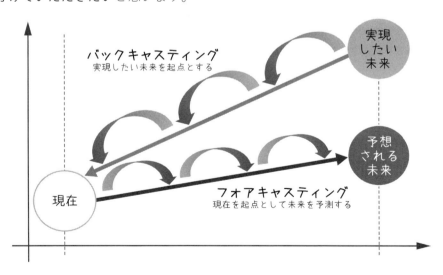

図2　バックキャスティングとフォアキャスティング

9 学級経営が理想を実現しづらい要因

　勘のいい方ならば，既にお気づきになっていることと思いますが，**バックキャスト思考は，学級経営ととても相性がいいのです。**学級経営をするときにバックキャスト思考が有効な理由を述べる前に，なぜ，学級経営が理想を実現しにくいのか，その理由を考察しておきましょう。恐らく学級担任のみなさんは，新しくクラスを担任することが決まったときに，「こんなクラスをつくりたい」と理想を描くことでしょう。

　しかし，1年経ってみると理想とは異なる，または似ても似つかない状態になることがあります。そうした経験を積み重ねているうちに，いつしか，理想の学級を描くことすらやめてしまうこともあるのではないでしょうか。学級経営において理想や目標が実現しづらい要因には，以下のようなことが考えられます。

⑴　多様な児童生徒への対応

　学級には様々な背景や能力をもつ児童生徒が在籍しています。全員のニーズに合わせた理想的な環境をつくることは難しい場合があります。一人一人の満足感の高い集団をつくろうと思っても，あまりの多様なニーズに対応しきれなくなることがあります。当然，子どもたちの背景には，さらに多様なニーズをもった保護者がいて，その対応に追われると理想がどこかに飛んでしまうことがあります。

⑵　短期的な課題への対応

　日々の問題解決に追われ，長期的な目標に向けた取り組みが後手に回りがちです。当然ですが，子どもたちは独立した個であり，それぞれの考えをもっていますから，ぶつかり合いや葛藤があります。人間関係のトラブルは教

師の心に重くのしかかり，理想の実現よりもそちらの解決が優先されてしまいがちです。例えば，いじめや不登校が起こると，その対応に追われ，それらの回復に教師の多くのエネルギーが注がれ，クラス全体を育てるという余力がなくなります。

03　固定的な思考パターン

　学級経営は教員研修でも，もっとも学ばれない分野の１つです。学ばれないがゆえに，情報の更新がなされず，教師は過去のうまくいった経験則に縛られがちです。従来の方法に囚われ，新しいアプローチを取ることが難しい場合があります。しかし，子どもや保護者の実態はどんどんアップデートされています。固定的な考えに囚われるほどに，子どもや保護者とのギャップが開いていきます。

04　教師の経験不足

　03 の話にかかわってきますが，学級経営は教員研修で扱われていないだけでなく，教員養成でも十分に扱われていません。わからないままに，実践現場に放り出され，「我流」の実践を繰り返している場合があります。有効な実践の経験不足のまま，年数だけ経ってしまうわけです。理想を実現するための具体的な実践を知らないのです。若手教員だけでなく中堅以上の教員でも，効果的な学級経営の実践知が不足している場合があります。

05　時間的制約

　学習指導要領の内容が膨れ上がり，カリキュラムオーバーロードの問題が指摘されています。教育活動が「過剰積載」状態になっているのです。カリキュラムの消化や日々の業務に追われ，理想的な学級づくりに十分な時間を割けないことがあります。理想の実現にはそれなりにコストがかかります。しかし，膨大な業務は，学級経営に時間をかけることを許さない状況をつくり出しています。

第１章　学級経営におけるバックキャスト思考　33

06 集団の力学

　児童生徒間の人間関係や力関係が，理想的な学級づくりを阻害することがあります。学級経営において子ども同士の人間関係づくりは，その根幹を構成する重要な要素です。餡そのものはお饅頭とは言えませんが，餡抜きのお饅頭はもはやお饅頭ではありません。人間関係づくりという餡を除いたら，それは学級経営とは言えません。

　子ども同士の人間関係が，フラット（よくも悪くもない状態）であることもほぼありません。ほとんどの学級は何らかの人間関係の課題を抱えていることでしょう。人間関係の問題が大きくなると，いじめや不登校，授業の成立にも影響を及ぼします。

07 目標設定の問題

　多くの場合，学級経営は，理想のクラスを描きながらも，子どもの実態を把握して，そのときそのときの状況に対応して日々が過ぎていくという過程を経ます。いわゆる，フォアキャスト思考で展開されるわけです。現状から出発して目標を設定するフォアキャスト思考では，理想的な姿を描きにくい場合があります。学級担任が知らず知らずに，自然な傾向としてフォアキャスト思考で学級経営をしていることが，理想の実現を阻害しています。

08 環境の変化

　社会の急激な変化に対応した学級経営の方法を見出すことが難しい場合があります。先ほども少し述べましたが，世の中は急速に変化しています。子どもたちの家庭では，ロボットが掃除をしている状況で，学校ではいまだに箒と塵取りと雑巾で掃除をしているところが多々あります。これはほんの一例で，世の中の変化が経済格差や価値観の差を生み，それだけ子どもと保護者のニーズも多様化しています。ニーズの多様化は，目標の共有を困難にします。

　つまり，集団生活に対する遠心力（ばらける力）が発生しやすくなってい

ます。今の世の中は，求心力（まとまる力）が発生しにくい状況なのです。遠心力は断続的にいつでも発生しますが，求心力を育てるには，戦略と時間が必要です。

　クラスは，日々変わる多様なニーズをもつ子どもたちの集合体です。多様なニーズは，時には衝突やトラブルなどの緊急対応が必要な事態を生み出しやすくします。つまり，今，クラスは波風に揺さぶられやすい不安定な船のようになっているのです。**突発的な出来事の連続に対応しているうちに，理想とは全く異なる状況に陥っている**ということが起こり得るのです。舵をしっかりとらないと理想の実現は難しい営みが学級経営だと言えます。

　だからこそ，バックキャスト思考を取り入れ，理想の姿から逆算して計画を立てることが有効なのです。また，教師の実践知を高め，児童生徒の主体性を引き出す取り組みを行うことが重要です。さらに，柔軟な思考と対応力をもち，常に学級の状況を観察し，適切な介入を行うことが求められます。

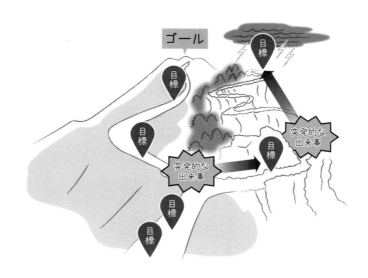

10 バックキャスト思考と学級経営

　では，学級経営をバックキャストで構想することの利点を挙げてみましょう（図3）。

01 長期的な視点の獲得

　学級経営は1年間という長期的な取り組みです。バックキャスト思考は，長期的な取り組みに対して強みを発揮します。バックキャスト思考を用いることで，年度末の理想的な学級の姿を描き，そこから逆算して計画を立て，実践するので，目標を達成する可能性が高まります。

02 理想の学級像の共有

　バックキャスト思考で学級経営をするときに，当然，最初に理想像を描きます。ここで教師は，子どもと理想像を描くという選択をすることができます。バックキャスト思考を用いることで，教師と児童生徒が理想の学級を共有する可能性が開けるのです。

　フォアキャスト思考でも，子どもと学級目標を立てることは当然可能です。しかし，フォアキャスト思考では，学級目標の設定は，係や当番の決定のような取り組みの1つとなりがちで，学級経営の通過点なので，多くの場合，子どもどころか教師すらもその存在を忘れてしまうことがあります。バックキャスト思考は，そこがゴールであり起点となるので，常に子どもと達成や進捗を振り返るということが日常化しやすくなります。

03 革新的なアプローチの創出とチャレンジ

　現状の制約に囚われず，理想的な学級の姿から考えることで，従来の方法に囚われない新しいアプローチを生み出すことができます。フォアキャスト

思考で取り組みを構想すると，現状からの判断になりますからどうしても，現状維持バイアスの影響を受けてしまいがちになります。現状維持バイアスとは，新たな情報やアイディアよりも既存の状態を好み，変化を避ける傾向を指す心理現象です。

　例えば，人間関係のトラブルが続くと，本来ならそれを克服するようなかかわり合う場を設定する方が得策の場合でも，かかわるとトラブルが起こるから，かかわる場を設定することをやめようといった判断をしてしまうことになります。しかし，バックキャスト思考で，良好な関係性のクラスという理想を描いた場合，かかわり合わないという選択肢をとることはなくなることでしょう。

04 社会的自立能力の育成

　学級経営を通して育成することが期待されるものとして，社会的自立能力があります。社会的自立能力とは，社会の一員として適切に機能し，他者と良好な関係を築きながら自己の生活を管理できる能力のことです。例えば，人間関係形成能力，自己理解・自己管理能力，コミュニケーション能力，問題解決能力，責任感と自己決定能力，社会参画能力などの能力であると本書では理解しておきたいと思います。

　どれも一朝一夕では実らず，その養成には時間がかかります。社会的自立能力を育てる活動として期待されるのが，学級活動における話し合い活動や近年，注目されるクラス会議などの活動です。学級活動は，正規のカリキュラムに位置づいているにもかかわらず，明確な成果や評価を求められない活動なので，過剰積載状態のカリキュラムにおいては他の時間に置き換えられることがしばしばあります。

　フォアキャスト思考で判断すると，今，時間がないから今日の学級活動は，算数に差し替えをしようといったことが起こり得ます。しかし，バックキャスト思考の教師で，社会的自立能力を大事にしようとする場合は，学級活動を実施して，その能力を育成するための時間的投資をするという判断をする

ことが可能になります。

05 問題解決能力の向上

　理想の姿から現状を見ることで，話し合い活動をしているクラスの中には，問題が認識されます。議題，話し合いのテーマが見つからないクラスがあります。それは，理想の共有がなされてない可能性があります。理想が共有されていれば，当然，そこに現状とのギャップつまり問題が生じるはずです。

　フォアキャスト思考だと，現状維持バイアスが働き，問題を見ないようにするマインドが働くことがあります。しかし，バックキャスト思考をしていると，常にギャップが見えるはずです。したがって，教師が問題解決志向となると同時に，そうした問題の解決を子どもたちに投げかける可能性が高まりますから，子どもたちの問題解決能力も高まります。バックキャスト思考の学級経営では，問題は「厄介事」ではなくクラスの「成長のチャンス」となります。

06 多様性の尊重

　バックキャスト思考の学級経営では，理想を描く段階や問題から抽出された課題を解決をする段階で，子どもたちの話し合いが活用されます。良質な話し合いを重ねると，子どもたちは，それぞれが異なる意見をもっていることに気づきます。また，そうした違いを乗り越えないと，集団としては成り立たず，対立していると結果的に自分たちがやりづらくなることに気づかされます。よって，バックキャスト思考の学級経営では，子どもたちの相互理解や多様性を尊重する態度が育成される可能性が高まります。

07 柔軟な対応力の育成

　バックキャスト思考は，変化の激しい現代社会に適応する力を育てるのに適しています。バックキャスト思考では，目的と方法を比べると，目的の重要度が高く設定される思考法です。教育では，「方法の目的化」がよく起こ

ります。明確な成果が求められないからです。そうした性格から，しばしば「こうしなくてはならない」といった思考があります。

　例えば，ICT活用の過度な重視やテストスコアの重視です。前者では，デジタル機器やソフトウェアの使用自体が目的化し，それらを使うことが重要視される一方で，学習内容の理解や思考力の育成といった本来の教育目標が軽視されてしまうことがあります。後者の構造は同じです。テストの点数を上げることが主目的となり，資質・能力などの生きる力の育成が二の次になってしまっていることです。

　バックキャスト思考は，目的重視なので，方法の自由度を促します。理想の姿を描きつつ，状況に応じて柔軟に対応する力を養うことができます。「こうしなくてはならない」といった教師の思い込みを打破し，子どものニーズにあった学級経営を展開する可能性が高まります。

　これらの理由から，バックキャスト思考は学級経営において効果的なアプローチとなり得ます。ただし，短期的な課題解決には不向きな面もあるため，状況に応じてフォアキャスト思考と併用することが重要であることを付言しておきたいと思います。

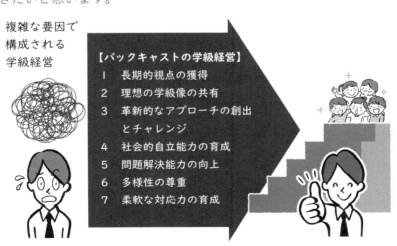

図3　学級経営におけるバックキャスト思考の効果

第 2 章

フレームワークと
ビジョン

1 バックキャスト思考のフレームワーク

　バックキャスト思考と一言で言っても，ただ逆向きに学級経営をすればいいというものではありません。逆向き設計の授業が効果的だからといって，授業の目標を明確に示せば，よい授業になるとは限らないのと同じです。物事を効果的に進めるときに役に立つのが，フレームワークです。**フレームワークとは，課題解決において思考や分析を整理するための枠組みや骨組み**のことです。物事を考える上での枠組みや思考の道筋を提供し，課題の洗い出し，分析，情報整理などに活用されます。

　フレームワークについては，様々な応用がありますが，本書では設計図みたいなものだと捉えておきたいと思います。家を建てるとき，まず設計図が

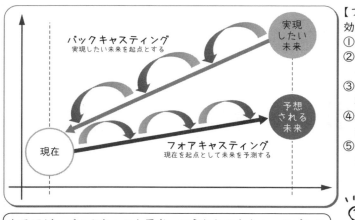

【フレームワーク】の効果
①全体構造の把握
②外してはいけないポイントの見える化
③独りよがりリスクの軽減
④適時評価と修正の機会の提供
⑤成果確認とモチベーションの維持

なるほど，バックキャスト思考って言われてもちょっとピンとこなかったけど，設計図があればなんとなく見えてきます。

図4　フレームワークの効果

必要です。これがフレームワークに相当します。設計図なしで家を建てよう
とすると，部屋の配置がバラバラになったり，必要な設備を忘れたりする可
能性があります。優秀な大工さんは，二度測って一度で切ると言われます。
しかし，フレームワークがないと，二度も三度も切ることになり，時間がか
かる上に木材の無駄遣いをしてしまいます。フレームワークは，課題解決に
おいて，このような「設計図」の役割を果たします。

　「バックキャスト思考にも設計図を描こう」という単純な話なのですが，
フレームワークの考え方は，授業づくり，生徒指導など，学校の業務にかか
わらず，生活全体で活用できるので少し説明しておきたいと思います（図
4）。

　フレームワークを使用すると，まず，**思考の整理と体系化**が促されます。
　目標や課題を合理的に整理，体系化することができ，感情に左右されず，
客観的な視点で目標設定や計画立案ができます。教師は感情労働者と言われ
ます。目の前の子どもたちが見えれば見えるほど，個別の事情を考慮したく
なります。それは教師の仕事としてはとても重要な要因なのですが，計画段
階では，大局を見据えることが大事です。森全体に元気がなかったら，樹木
一本一本は元気に育つことはできません。豊かな感情は教師にとって最大と
言ってもいい強みですが，まずは，全体の取り組みの体系化が必要です。バ
ックキャスト思考の学級経営の全体構造の把握ができます。

　次に，**効率的な目標設定と計画立案が可能**になります。目標設定や計画立
案の時間を短縮でき，行動開始までのスピードが上がります。細かなことが
気になってしまうとそれに囚われて本当にやるべきことを後回しにしたり，
スルーしてしまったりします。私たちは時々，提出物を作成しなくてはなら
ないのに，机上の整理をして次に部屋の掃除をして，しまいにはキッチンを
きれいにするようなことをしてしまうわけです。重要な要素を漏れなく考慮
できるため，より効果的な計画が立てられます。つまり，バックキャスト思

第2章　フレームワークとビジョン　43

考をすることで学級経営において**外してはいけないポイントが見える**わけです。

　そして，**チーム内での共有が促進される**でしょう。目標達成の先導役であり，サポーターでもある教師の思考が整理されていると，教師の意図，働きかけも整理されて子どもに伝わる可能性が高まります。学級経営は複雑で多岐にわたる取り組みです。教師が混乱していたら，子どもも混乱します。効果的な目標達成のためには，教師の思考が整理されている必要があります。目標や計画の方向性をブレずに子どもたちと共有できることでしょう。教師**の独りよがりの学級経営に陥るリスクを下げて**くれます。

　次に**進捗状況の見取りと把握が容易**になります。目標達成までのプロセスが明確になれば，進捗状況の把握がしやすくなります。長期スパンの取り組みには，とにかく定期的な進捗状況の把握が大事です。クラスが目指す，または学級担任として目指す重要な目標や節目を押さえておくことは，目標の実現には欠かせません。

　また，**迅速な課題発見**が期待できます。目標達成を阻害する要因や課題を早期に発見できます。問題の本質を見極め，根本的な原因を探しやすくなります。学級経営は，教科指導と違って，点数などのわかりやすいフィードバックがあるわけではありません。知らず知らずのうちに荒れていて，ある日突然問題が顕在化するようなことが起こります。課題に気づくのが遅れれば，目標達成はその分，遠のきますし，問題をスルーしていたら，手遅れになる可能性があります。フレームワークが取り組みの評価のポイントとなり，**適切な時期の評価と軌道修正の機会を与えて**くれます。

　最後は，**モチベーションの維持**です。大きな目標を小さなステップに分解することで，達成感を得やすくなります。目標達成までの道筋が明確になり，モチベーションの維持につながります。長期の取り組みには，モチベーショ

ンの維持が求められることは言うまでもありません。全体構造がはっきりしていて,適切な評価の時期にそれをすることで,成果確認ができればモチベーションの維持,向上につながります。

　フレームワークは目標達成のための道具であり,それ自体が目標を達成するわけではありません。しかし,適切に活用することで,効果的な目標設定や計画立案,効率的な実行が可能になり,目標達成の確率を高めることができます。忙しい日常の中で,こうしたことを考えることは煩わしいし,遠回りのように思えるかもしれませんが,複雑な営みである学級経営において目標達成するために重要な準備と言えるでしょう。

　バックキャスト思考のフレームワークを具体的に示すと以下のようになります（図5）。

5　優先順位をつけて実行する
4　シナリオを作成する
3　ビジョンの達成に必要な行動を設定する
2　現状と理想のギャップを洗い出す
1　ビジョンを描く

図5　バックキャスト思考のフレームワーク

2 「制約」の受容こそがスタート

　一般的に「バックキャスト思考とは，「未来のあるべき姿を考え，そこから逆に現在を見ること」と捉えられていますが，石田・古川（前掲）は，一般的な解釈に実行性を高め，バックキャスト思考を「制約（問題）を肯定して受け止め，その制約のなかで解を見つける思考法」と定義しました[18]。

　従来のフォアキャスト思考では，制約を問題として認識し，それを排除しようとする傾向がありました。ここまでにも述べてきましたが，学級経営では様々な問題が起こります。人間関係のトラブルなどは，円滑な教育活動の制約になります。そうした問題を排除しようとしているうちに，本来すべきことを見失ったり，新たな問題を誘発してしまったりすることがあります。

　いじめ指導においては，制約の排除の傾向が顕著です。いじめは確かに起こってはいけないことです。しかし，固定的な集団であれば，起こるものであることも事実です。いじめに対して無防備な状態にしておくと，子どもたちはいじめを受けても見かけても，何ら有効な行動をすることができずに，問題をより大きくしてしまいがちです。いじめは，あるもの，起こり得るものとして，それが起こったときに対応などを指導しておけば，被害，加害は最小限に済むことでしょう。バックキャスト思考では制約を肯定的に捉え，その中で解を見つけることで，画期的な解決策を生み出すことができます。

　学級経営が，現在直面している問題や課題の多くは，従来の思考法では解決が困難です。いじめ，不登校，学級崩壊，また子どもたちの逸脱行動，問題行動，保護者のクレームなどの制約を，最初から想定し，受け入れることで，理想のクラス実現の具体的な道筋を描くことができます。

　また，近年，学級経営が難しくなったと言われます。その理由としてよく

挙げられるのが，子どもの多様性やニーズの細分化です。しかし，これを排除するのは，もう既に無理です。子どもの多様化へのベクトルはもう変えることはできないでしょう。それよりも，多様な子どもがいるということは，多様な意見やそれらの融合により，革新的な活動や営みが創出されるチャンスだと捉えることで，これまでにはなかった新たな豊かなクラス像を描くことができます。日本における UDL（Universal Design for Learning）やイエナプランの教育，自由進度学習などは，子どもの多様化を 1 つの理由として注目されるようになった考え方や方法論です。

　このように制約の中で解を見つけようとすると，既存の技術や新しい資源の組み合わせを探ることになります。恐らく，UDL やイエナプランも，アメリカやオランダで開発されたものですが，日本の教育に適応することで，日本型の新しいものが生まれる可能性があります。制約の受容はイノベーションを促します。

　そして何よりも，現実の制約を考慮に入れることで，より実現可能性の高い解決策を導き出すことができるでしょう。理想論ではなく，実際に実行可能な方策を見出すことができます。また，意見，机上の空論，絵に描いた餅のようなプランにも，現実味をもたせ，実現可能性を高めます。

　「今の子どもたちは，言うことを聞かないし，人と協力しようとしないし，親は好き勝手なことを言ってくるし，これら一つ一つを何とかしようとしていたら身がもたないから，まあ私が我慢すればいいんだ」という考え方では，何の解決にもなっていません。そうした**理想を阻む問題を受け入れた上で，よりよい状態を目指していこうとすることがバックキャスト思考の本質**です。

　制約を肯定的に捉えることは，バックキャスト思考の実効性を高めるスタートラインとも言えるでしょう。

第 2 章　フレームワークとビジョン　**47**

3 理想を阻む要因を洗い出す

では，みなさんが理想の学級経営をしようと思うときに，これまでにそれを阻んできたものはどんなことでしょうか。想定される学級経営の理想を阻む要因を挙げてみましょう。

01 学級の荒れ

子どもの立ち歩きや私語，教師の指示に従わないなどの行動が頻繁にあり，日常の授業，学級生活が円滑に展開できなかった。

02 子どもの多様性への対応の難しさ

発達や愛着形成にハンデをもつ子どもや，時には，視覚障がいや聴覚障がい，病気等により継続的な医療や生活上の管理が必要な子どもたちなどがいた。また，外国籍や外国にルーツをもつ子どもたちがいた。そうした様々な特性や事情をもつ子どもたちへの適切な支援と指導が求められているが，ケアが十分にできなかった。

03 個別支援や教育的配慮の必要な子どもに適切なサポートができない

02 に該当する子どもたちだけでなく，個別支援，教育的配慮が必要な子どもたちが多数在籍していて，他の教員，職員と協力はしていたが，目や手が届かなかった。

04 学習や活動に対して低意欲の子がいる

様々な事情があるのだろうし，こちらのやり方もまずいのだろうが，学校生活や学習にあまり興味を示そうとしない子どもが複数いた。いろいろな手立てを講じたつもりだが，意欲を高められなかった。

05 受け身で指示待ちの子が多い

　大きな問題や警察のお世話になるような問題を起こす子はいない。むしろ従順で素直な子が多いが，自分から発言したり，提案したり，他者にかかわったりする姿があまり見られない。何かしても，嫌がるわけではないが，だからといって喜ぶわけではなく，やりがいがない。

06 子どもたちの人間関係がよくなかった

　孤立する子がいた，いじめや差別，排斥行動が見られた。グループ活動をするのにも，その編成に気を遣う。教室にボス的な存在な子がいて，子どもたちは勿論だが，教師である自分も気を遣っていた。

　子どもたちの仲があまりよくなく，小さなトラブルがよく起こっていた。トラブルや仲違いのもとは，前の学年のときのちょっとした喧嘩。そのときにしっかりと解決しなかったようで，互いに不満がくすぶっていた。

07 不登校または登校しぶりの子がいた

　1学期は全員が出席していたが，2学期半ばくらいから，学校が面白くないと言って欠席をし出した。それから週に1，2回欠席したり，遅刻したりしている。友達がいないわけではないが，学校に来ない日が増えると，だんだん関係が薄くなっていき，勉強についていけなくなるのではないかと心配。それが以外は大きな問題が起きたわけではないが，自分にもっとできたことがあったのではないかと心が晴れない。

08 自分と関係がよくない子どもが何名かいた

　自分に対して反抗的な子どもが数名いた。他の教師にはそうでもないが，注意をすると「どうして自分ばっかり」と言ったり，そう言いたそうな表情でこちらをにらんだりすることがあった。学習やその他の活動に参加しないわけではないが，楽しそうではなく消極的に取り組んでいた。

第2章　フレームワークとビジョン　49

09 保護者から対応が難しいクレームが入った

　子ども同士のトラブルの際の自分の指導が気に入らなかったらしく，宿題や授業の進度など，その後も何かと不満めいた要望やクレームが度々あった。仲の良い母親と一緒に，自分を批判しているようでやりづらかった。

10 同僚や管理職が干渉してくる

　同僚や管理職が，自分に批判的で教育活動や授業の進め方にいちいち指導という名の干渉をしてくる。自分が研修会で学んできたことを教室で試してみると，それは学習指導要領にどう位置づいているのか，勤務校の教育計画にはないのではないかと何かと口を出され，やりたいことが思うようにやれなかった。

11 そもそも目指すべき学級像がない

　学級経営についてあまり学んだことがなく，学級経営はせいぜい，授業をしやすくするためにルールを決めたり，問題行動を抑制したりするためのものだと思っていた。人間関係づくりをするとか言われても意味がわからないし，そんな時間が教育課程上どこにあるのかわからない。

12 理想の学級を実現する方法論がわからない

　いいクラスをつくらなくてはならないことは何となくわかるが，何をどれくらいすればいいクラスになるのかわからない。人間関係づくりの活動とか本を買って取り入れたり，SNSで見かけるような黒板アートなどをやったりしてみたけれどクラスの雰囲気がよくなったのはその瞬間だけであり，クラスが変わったという実感はない。

　みなさんは，学級経営の理想の実現を阻む要因としてどのような思いをもっているでしょうか。**理想のクラスを描くときに，こうした制約や問題をまず受け入れることから始めます。**

4 ビジョンは「要」

　フォアキャスト思考でも，制約や問題を洗い出します。しかし，**フォアキ**
ャストでは，可能な限り制約や問題を排除しようとしますが，バックキャス
トではそれを受け入れます。

　石田・古川（前掲）は，バックキャストの考え方として以下のような例を
挙げます[19]。

　居間の電球が切れたとします。

　フォアキャスト思考：新しい電球に付け替える

　　　　　　　　　　　目の前の制約（問題）を否定（排除）する思考

　一方，

　バックキャスト思考：電球なしの生活を楽しむ工夫を始める

　　　　　　　　　　　目の前の制約（問題）を肯定する思考

　この例では，電球なしの生活を受け入れ，少し暗くなった今でどうやって
楽しく過ごすか考えます。その答えは１つではありません。例えば，「少し
暗くても，生活に特に支障はないのだ」と発見したり，「そもそもこんなに
あかりが必要だったのかと」と気づき，家中の照明器具を見直したり，そこ
から「ときどきはあかりを全部消して，家族みんなで窓から月を眺めよう」
という新しい暮らしを見つけたりする，というのです。

　これはバックキャスト思考の性格を理解するためのあくまで一例を捉える
べきだと思いますが，重要なことを示唆していると思います。バックキャス
ト思考とは，実現不可能な荒唐無稽な未来を目指すのではなく，**今起きてい**
る現実の問題を受け入れつつも豊かな状態の実現を目指すものだと言えます。

　脱炭素社会が目指されていますが，それは地球温暖化抑制のためです。地
球温暖化を抑制するためには，二酸化炭素を排出する活動を全てやめればい

いわけですが，それは現実的に不可能なので，脱炭素と言っているわけです。バックキャスト思考における，制約の受け入れは，実現不可能な目標は意味がないと言っているのではないでしょうか。

こうした考え方を学級経営に応用してみます。

これまでのクラスは，トラブルが多々起こり大変だった，とします。

フォアキャスト思考：トラブルが起こらないようにルールを徹底する
バックキャスト思考：トラブルは起こるものとして，子どもたちに問題解決の方法を教える

教育には，その性格上，受容していい制約と受容できない制約というものがあります。その1つが人間関係のトラブルではないでしょうか。トラブルがないことに越したことはありませんが，それは現実的ではありません。人間関係のトラブルは人が集まる場所にはつきものです。

しかし，学級経営で，その状態を受け入れるだけだと，居心地の悪い教室になってしまいます。いじめや不登校，また保護者からのクレームで新たな深刻な問題を招きます。だから，トラブルが起こることは受け入れつつ，一方で，トラブルを解決できる力を育て，問題解決をしながらクラスを育てるという戦略をとるのです。

つまりバックキャスト思考における**もっとも重要なポイント**は，**どんなゴールビジョンを描くか**ということです。絵に描いた餅にしてしまっては実現できません。しかし，達成する価値のないものを設定しても意味がありません。

バックキャスト思考の核心は，理想とする未来の姿を明確に描くことです。学級経営においては，年度末や卒業時に実現したい学級の姿を具体的にイメージすることが極めて重要です。

ここで描くビジョンには次のようなこと求められます。

・具体的で明確であること
・子どもたちの成長と学びを中心に据えていること
・学校や地域の特性を反映していること
・教師自身の教育理念と整合していること

　明確なビジョンの存在は，教師の指導の明確さをもたらします。明確な指導は，子どもたちとのビジョンの共有を促します。学級経営は何かと曖昧なことが多い営みです。明確なビジョンを描くことによって，教師と子どもが共通の目標に向かって努力しやすくなります。

　何のために当番活動や係活動をするのか，何のために学級目標を設定するのか，などなど，子どもからしたら意味のわからないことだらけです。学級経営を意識的にやっていない場合は，教師すらわかっていないこともあります。私たちがそうであるように，子どもたちは，行動するときに意味を求めます。教師のビジョンがはっきりしていると，何かするとき，「○○のためにこれをしている」と明確に子どもたちに伝えることができます。
　また，学級生活では，不測の事態が多々起こります。前にも述べたように，それらによって理想が見えなくなってしまうことがあります。ビジョンは，荒海を航行する船にとっての灯台の役割を果たします。予期せぬ事態が起きても，最終的な目標を見失わずに対応できます。

　先ほど，ビジョンの明確さは子どもとの共有を促すと言いましたが，理想の実現には，子どもや保護者の協力と理解が不可欠です。不明確な教師の指導や言葉に，子どもも保護者も賛同しようがありません。明確なビジョンは，子どもたちに納得をもたらし，主体的な参加を促進し，保護者の協力を得やすくします。
　また，バックキャスト思考では，理想の未来から逆算して計画を立てますが，予期せぬ出来事が多々起こったときに，ビジョンに固執して，柔軟な対

応ができないようでは子どもや保護者の信頼を失うリスクがあります。**学級経営が失敗する教師の特徴として，子どもの声を聞かないというものがあります。**

　ビジョンを保持しつつも，状況に応じて柔軟に対応する力が必要です。ビジョンが明確であれば，状況によってそれを一旦棚上げする事態に陥っても，また，そこに帰ってくることができます。子どもの問題行動や不適応行動，保護者のクレームなど，荒波のように学級生活を揺さぶる出来事が続いても，ビジョンを見失わずに適切に対応するためには，ビジョンが明確である必要があります。

5 授業づくりか学級づくりか

　学級経営は，その意味を長い間，「授業づくりと学級づくりのどちらが大事か」というような議論に揺さぶられてきました。授業づくりに自信をもつ人たちは，「よい授業をすればよいクラスができる」と言い切ります。また，学級づくりに自信をもつ人たちは，「よいクラスをつくれば，授業はなんとでもなる」と言います。また，バランスをとる立場の人たちは，「どちらも大事」とか「授業づくりとクラスづくりは両輪」と言ったりします。バランス派の意見は，もっとも妥当な感じがしますが，一方で，なんとなくごまかされたような気にもなります。

　クラスの実態を考慮しない授業はあり得ませんし，またその逆も然りです。学習活動を展開しているのは他ならぬ子どもたちであり，子ども抜きの授業などは考えられません。かといって，教科書に準拠した授業にはやはり指導法や教材が存在し，それ抜きに子どもの学びがあるとは考えにくいでしょう。

　クラスの理想像を描くにあたって，授業と学級経営の関係を整理しておくことが必要です。学級経営の必要性を説明するときに，次のような２つの図を使って説明しています（図６，図７）。

　図６のでこぼこ道にはまっている自動車が，授業をはじめとする教育活動です。そして，そのでこぼこ道が学級経営です。このような悪路では，高性能の自動車も走れません。主体的・対話的で深い学びの視点の授業改善によってなされる授業は，子ども同士の対話やディスカッションが盛んに行われる授業です。黒板の前を向いて教師の話を一生懸命聞き，教師の問いに答えればいいという単純なものではなくなっています。ICT の活用など，様々な学習形態がとられます。以前よりも構成要素が増えた複雑な構造をもった授業になっているのです。

第２章　フレームワークとビジョン　55

授業の複雑さをスピードに例えると，ファミリーカーからスポーツカーのような授業になっていると考えられます。主体的・対話的で深い学びについて無藤（2017）は，

○　アクティブ・ラーニングを授業に落とし込むための言い換え
○　小・中学校のベストな，一番いい指導部分をどうやって一般のどの先生でも使えるようにしていくのかというのがポイント

と説明します[20]。

　つまり，みなさんがこれまでやったベストの授業の日常化をねらっているわけです。ハイスペックな状態で毎日を駆け抜けるような授業をしようというわけです。でこぼこ道のような状態では，スポーツカーはなおさらのこと，ファミリーカーだって走ることはできません。

　学級経営は，授業等の教育活動を支える学習環境なのです。したがって，図7のような状態だったらどうでしょう。

図6　学習環境が整っていない状態

図7 学習環境が整っている状態

　学習環境が整備されていればいるほど，つまり学級経営の充実がなされていればいるほど，子どもたちの学びやすさが向上し，その分，授業の機能は高まります。授業と学級経営は不可分なのです。

　授業が実践される場は，クラスという場であり，授業に取り組む主体は子どもたちです。クラスという場の中に授業という営みも，集団という主体も存在しているわけです。これまで私たちは，授業の質を上げることも含めて授業を構想することを授業づくりと呼んできました。また，集団の質を上げることを学級づくりと呼んできました。

　授業づくりも集団づくりも，学級経営という営みの中で実践されているものと考えられます。授業の質が高まれば，子どもたちの力をその分引き上げますから，集団の質も高まることでしょう。また，集団の質が高まれば，できることが増えますから授業の質も高まることでしょう。授業づくりと学級づくりは，双方が影響し合って，教室で実践される教育活動の質を高めていくと考えられます。

　そうした往還関係の中で，授業づくりは「主体的・対話的で深い学び」を

実現していくでしょうし，集団の在り方としては，多くの教師たちが理想として思い描く自治的集団に育っていくことでしょう（図8）。図8を見ると，よい授業をすれば「よいクラスができる」というのは嘘ではありませんが，一方向の主張だということがわかります。

　また，学級崩壊という現象が世の中に認知されてからは，学級づくりから授業づくりへの方向性が強調されすぎて，クラスを育てれば授業は何とでもなるというような極端な主張を生み出したのかもしれません。そろそろ授業づくりか学級づくりかといった，生産性のない議論はやめにして，子どもにとっての学びやすさや過ごしやすさの本質を追究しなくてはならないのではないでしょうか。

　では，主体的・対話的で深い学びの実現ができるクラスの姿とはどのようなものなのでしょうか。

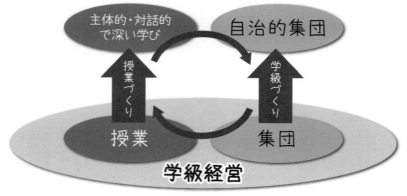

図8　授業づくりと学級づくりの構造

6 「制約」としての深い学び

　学級経営上起こってくる問題などを制約として挙げましたが，実際の教育活動において，そうした突発的な制約ばかりではありません。学習指導要領も，「制約」と捉えることができます。教師としての仕事は，当然ながら「縛り」があります。**公教育を担っている以上，学習指導要領も，「縛り」であり，それは教師の自由を制約する要因です。**

　フォアキャスト思考で考えると，学習指導要領の「縛り」は，煩わしいものとなりがちですが，バックキャスト思考では，その「縛り」を受容すべき制約と捉えます。理想のクラスのビジョンを描くときに，学習指導要領の趣旨を実現するものという方向性が求められるでしょう。学級の在り方が影響するものとして，授業の在り方があります。

　現行の学習指導要領改訂時に話題の中心となったのが，「主体的・対話的で深い学び」（アクティブ・ラーニング）の視点による授業改善でした。中でも，深い学びについては，具体的なイメージがわかないといった声が多く聞かれました。その後，「個別最適な学び」と「協働的な学び」の一体的な充実などが言われるようになり，ますます，授業のイメージが混沌とした状況になりました。では，今，深い学びについて現場が共通理解したかと言ったら，それは未だならずといったところではないでしょうか。

　しかし，理想のクラスのビジョンを描くときに，深い学びを無視するわけにはいきません。そこで，深い学びの構造を明らかにしておきたいと思います。深い学びとはどのような学びのことを言うのでしょうか。おさらいをしておきたいと思います。

　現行の学習指導要領の方針となった，中央教育審議会「幼稚園，小学校，

中学校，高等学校及び特別支援学校の学習指導要領等の改善及び必要な方策等について（答申）」（平成28年12月21日）には，次のように書かれています（○数字は筆者が付加した）[21]。深い学びとは，

①　習得・活用・探究という学びの過程の中で
②　各教科等の特質に応じた「見方・考え方」を働かせる
③　知識を相互に関連付けてより深く理解する
④　情報を精査して考えを形成
⑤　問題を見いだして解決策を考える
⑥　思いや考えを基に創造したりする

ことに向かう学びで，これを「自ら進んで対話・協働を通して実現する」とあります。つまり，主体的な学びや対話的な学びは，深い学びのプロセスであると捉えることができます。

　また，個別最適な学びと協働的な学びは，主体的・対話的で深い学びとどうかかわっているのでしょうか。図9「個別最適な学び」と「協働的な学び」の一体的な充実（イメージ）を見ると，わかりやすく示されています[22]。

　個別最適な学びは，各生徒の学習進度や理解度に合わせて学習内容や方法を調整することで，主体的な学びを支援します。協働的な学びは，対話的な学びを促進し，他者との交流を通じて思考を深める機会を提供します。個別最適な学びと協働的な学びを適切に組み合わせることで，主体的・対話的で深い学びの実現が可能になります。これらの学びの方法は，相互に補完し合い，生徒の資質・能力の育成を総合的に支援します。

　つまり，**主体的・対話的で深い学びは全体的な学びの質を高める視点であり，協働的な学びと個別最適な学びはその実現を支える具体的な方法論**と捉えることができます。これらを適切に組み合わせることで，より効果的な学習環境を構築することが可能になります。

　このように捉えると，協働的な学びと個別最適な学びは，主体的・対話的で深い学びの成立のための，選択肢であり，深い学びは，主体的な学びの目

標的な位置づけとなっていることがわかります。しかし，子どもの主体性のない深い学び，そして，対話を経ない深い学びは，学習指導要領のねらうところではないと言えるでしょう。

　授業では，深い学びがそのねらいとされています。では，深い学びと学級経営はどのようにかかわっているのでしょうか。深い学びが学級の在り方に影響を及ぼすのであれば，深い学びを実現するような学級の在り方を模索する必要があります。

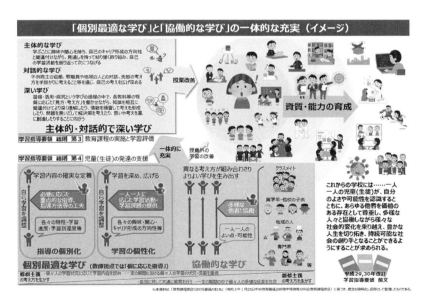

図9　「個別最適な学び」と「協働的な学び」の一体的な充実（イメージ）

7 理想としての深い学び

　では，深い学びの具体的な姿を探ってみましょう。

　田村（2018）は，深い学びの姿を４つに整理し，その１つの「宣言的知識がつながるタイプ」の具体例として，以下のようなエピソードを挙げています[23]。

　「一人一人の子供が，異なる夏野菜を栽培してきた学級では，毎日の水やりや草取りなどの世話を繰り返すうちに，「ミニトマトもナスも，キュウリも，どれもはながさいたところにみがなります。べつのやさいもみんなおなじです」

　「でも，つるがのびるのはきゅうりだけです」

と，実感のこもった言葉で伝える姿が生まれてきた。子供はそれぞれの野菜の特徴を関連付け，植物の斉一性や多様性に気づいていった。」（田村，前掲）[24]

　この学習において，子どもは，自分で育てた植物に起こったこと（どの植物も花が咲いたところに実がなること）が，どの植物にも起こることを知る一方で，きゅうりの個別性に気づいています。この状態を，田村（前掲）は，より高次の概念的知識を獲得し，言葉にしていると言います[25]。

　田村（前掲）は，この概念化の過程を，図10のように可視化し，以下のように説明しています。

１　様々な活動を通して，「○○は△△である」などの事実的で個別的な知識のピースを得る。

２　バラバラに思われた知識のピースが互いに関係し合っていることに気がつき，結びつけられるようになる。

３　さらにたくさんの知識が相互に結びついていくことで質はよりよくなっていく。

4　知識の階層が上がり「概念化」していく[26]。

　いかがでしょうか。深い学びのイメージはつかむことができたでしょうか。さらに理解が深まるように，もう一例，異なる教科，発達段階で示してみます。

　松下（2017）は，「「深い学習」とは，学習のアプローチの仕方を示している。ある課題に対して学習に取り組む際，「深いアプローチ」とは，課題となっている概念を自分で理解しようとしたり，知識や経験と考えを関連付けたりするアプローチである」と言います[27]。深い学びが，知識や経験を結び付け概念化していく営みであることは，田村（前掲）と一致しています。

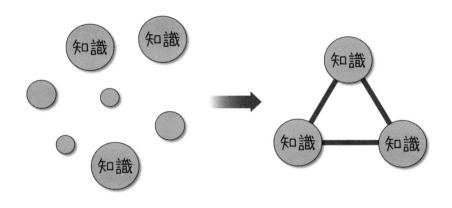

　　図10　宣言的知識がつながるタイプ（田村，2018をもとに筆者作成）

　松下は，例として中学校国語の授業の例を挙げ，次のように深い学習の様子を描写しています。
　「私が関わっている中学校では，『少年の日の思い出』（ヘルマン・ヘッセ）で，登場人物を対比しながら読むことで，対比という読みの方略を学び，次の『トロッコ』（芥川龍之介）では，生徒たち自身が『対比』の方略を使っ

て読み進めるような授業をしています。それぞれの教材で，どのような『読み方』を学ぶのかを明示し，さらに別の教材や単元でも活用する機会を設けることで，生徒たちの読みの力を深めています」(松下，前掲)[28]。

中学生が，ある文学作品の読みの方略を，他の作品でも活用しながら読み進めている様子を伝えています。さらに松下(前掲)は，「一人ではなくグループ等の複数で協働して読むことは大切です。自分とは異なる色々な角度からの意見が出されると読みはさらに深まります」と言い，「主体的な学び」「対話的な学び」が「深い学び」につながっていると指摘しています[29]。

先ほど引用した，中央教育審議会「幼稚園，小学校，中学校，高等学校及び特別支援学校の学習指導要領等の改善及び必要な方策等について（答申）」（平成28年12月21日）においても，「「主体的な学び」「対話的な学び」「深い学び」の三つの視点は，子供の学びの過程としては一体として実現される」と言い，3つの学びの連続性について言及しています。

この3つの学びは，本来一体のものなのに分解してしまうから，今日の授業が3つの学びをそれぞれ実現していたかどうかなどの煩雑な評価規準を授業者の方で設定してしまい，自らハードルを上げてしまっているのではないでしょうか。主体的・対話的で深い学びの授業とは，子どもたちが自ら，対

話を通して学習課題を探究し，各教科等のねらいを達成する授業であると緩やかに捉えることができたら，そう難しい話ではないのではないでしょうか。
　この様子をイメージすると，図11のようになります。

図11　深い学びのイメージ

　穴は1人で掘るよりも，協力して掘った方が広く深く掘り進むことができます。掘り進む過程で，効果的に作業を進めるには，対話し，助け合い，時には議論をしながらより高次の知識や思考を得たり，概念に気づいたりし，学びを分かち合うことでしょう。
　現行の学習指導要領では，こうした授業の実現を求めていることを想定し，理想の学級を描いていく必要があるでしょう。学習スタンダードと称して，「グー・ペタ（ピタ）・ピン」と呼ばれるような姿勢指導をしたり，授業スタンダードと称して，授業を決まりきったテンプレートに押し込んだりという流れは，国が求めているものとはずいぶん開きがあるのではないでしょうか。

第2章　フレームワークとビジョン　65

8 深い学びを実現する子どもの力

　バックキャスト思考における「制約」として，深い学びの実現を捉えるならば，それを受け入れるという立場をとります。深い学びは難しい，ハードルが高いといって，下から見上げるのではなく，自分の授業で深い学びが成り立つならば，クラスはどういう状態になっているだろうかと発想します。では，深い学びが実現するクラスの状態とはどのような状態なのでしょうか。

　深い学びにおいて，概念化はその特徴を示す重要なワードでした。知識や技能が相互に関連付けたり，組み合わされたりして概念がつくられていくのですが，「その知識をもち寄ってくるのは誰か」ということです。田村の例では，自分の観察における気づきを出し合い，その共通性に気づいていきました。また，松下の例では，自分とは異なる意見が出されることによって読みが深まっていくと述べられていました。

　深い学びが起こるプロセスには，考えをもち寄る子どもたちがそこにいる

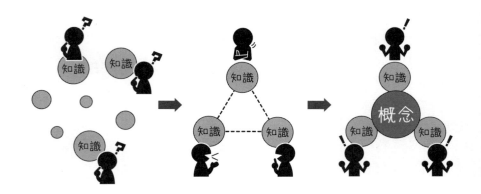

図12　深い学びと子どものかかわり（田村，2018をもとに筆者作成）

ことを忘れてはいけません。

　深い学びは子どもたちが，自分の考えを出し合い，関連付けたり統合したりするからこそ起こるのです。深い学びは，天から降ってくるのではなく，子どもたちが「ああでもない，こうでもない」と言い合いながら，出現していくわけです。その様子を図示したものが図12です。

　子どもたちが，顔を合わせて話し合い，概念化が起こるときに次のようなことを経験するでしょう。

01　情報の共有と交換

　話し合いの初期段階では，子どもたちは自分の知識や経験を共有します。各自がもっている情報や考えを出し合うことで，話題に関する理解を深めていきます。

02　視点の多様化

　異なる意見や経験を聞くことで，子どもたちは自分とは違う視点に触れます。これにより，1つの事象に対して多角的な見方ができるようになります。

03　知識の整理と統合

　他者の意見を聞きながら，子どもたちは自分の知識や経験を整理し，新しい情報と統合します。この過程で，断片的だった知識がより体系的なものになっていきます。

04　共通理解の形成

　話し合いを通じて，グループ内で共通の理解が形成されていきます。個々の意見の違いを認識しつつ，全体として1つの概念へと収束していく過程が見られます。

第2章　フレームワークとビジョン　67

05 概念の具体化と抽象化

　具体的な例や経験を共有することで，抽象的な概念がより理解しやすくなります。同時に，個別の事例から共通点を見出し，より一般化された概念へと発展させていきます。

　深い学びを実践している教師なら，このステップが，自然に起こらないことが想像できると思います。各ステップにおいて必要な態度やスキルが想定されます。

　まず，**01** 情報の共有と交換では，互いのもっている情報を開示しますが，そのときは，安心してなんでも言える状況が求められます。つまり，どんな意見も歓迎するという態度が求められます。他者の話を傾聴するというスキルがないと，意見が十分に出ないことが予想されます。**02** 視点の多様化では，自分とは異なる意見に対して，「なるほど」といった受容的な態度が求められます。その前提として，物事に多様な考え方があり，自分の考えとは異なった考えがあることを理解しておくことが必要です。

　03 知識の整理と統合は，他者の意見と自分の意見の合成をするわけですから，他者の意見を蔑ろにせず，フラットに見る態度が求められます。知識の整理と統合では，自分と他者の意見の違いがわかります。**04** 共通理解の形成では，そもそも違いを超えて共通点を見出そうとか，まとめてよりよいものにしようという態度がないと共通理解は難しいことでしょう。こうしたスキルや態度が話し合うメンバーに共有されてこそ，**05** 概念の具体化と抽象化に成功します。

　01〜**05** のステップを見てわかるように，自分の知識をもち寄って概念形成するには，違いに対する受容性や他者の意見を尊重する姿勢がないと，深い学びは起こりにくいのです。もう少し大胆に言えば，**学習者相互の基本的な信頼関係がなければ深い学びは起こらない**わけです。

9 深い学びの教室の構造

　概念化，抽象化は，それぞれの子どもたちが，自分の考えに固執していたら起こりません。教室における概念化の営みは，子どもたちが，共通のものを見ようとしないと成り立たないのです。概念化や抽象化を成り立たせる要因を理解するときに，北山の共視論はとても重要な示唆を与えます。

　北山（2005）は，江戸期の浮世絵を20000枚ほどを集めて分析したところ，母子像に興味深い特徴があることに気づきました。それは，蛍，花火，しゃぼん玉などの「同じ対象を共に眺めているように見える母子像が頻繁に登場する」ということでした[30]。母子が共通の対象物を共に見ることを共視または，共同注視と言い，このような共視する対象の共有と，これに対する2人の言語交流や，「共に思うこと」，そして，2人で対象について知的に「考えること」という，外的対象と2人からなる人間の関係を，原象徴的三角形と名付けました（北山，前掲）[31]。

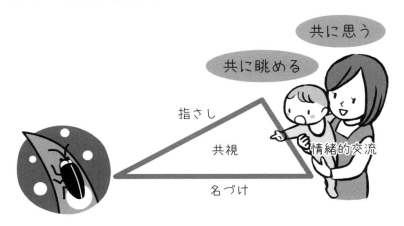

図13　原象徴的三角形（北山，2005をもとに筆者作成）

第2章　フレームワークとビジョン　69

図13を使って説明します。赤ちゃんが蛍を見て，指さします。すると，お母さんも，蛍を見ます。お母さんは，「あれなんだろうね，虫さんだね，蛍っていうんだよ，ほ，た，る」などの会話をして，その虫について共に考えるわけです。このときに，赤ちゃんとお母さんは，共に眺めながら，共に思う，考えるということをしています。

　原象徴的三角形が成り立つときに，共視が起こっています。北山はこれが成り立つ要因として，母親が子どもをしっかりと抱きかかえていることに注目します。「言語交流と同時に，2人の間では身体的交流，非言語的交流，情緒的交流も盛んにおこなわれ「絆」が形成されていることがはっきりと見える」と言います（北山，前掲)[32]。

　教室で深い学びが起こるときに，このような原象徴的三角形が成り立つことがポイントだと考えられます。小学校国語の文学教材「ごんぎつね」を例に考えてみたいと思います。

01 共通の焦点形成
　「ごんぎつね」の学習では，子どもたちが同じ物語を読み，共に登場人物や出来事に注目することで共視の状態が生まれることでしょう。
① 物語の共有
　クラス全員が同じ物語を読むことで，共通の焦点が形成されます。
② 場面の可視化
　挿絵や映像資料を用いて，重要な場面を視覚化し，クラス全体で観察（注視）することで，共視の状態がより強化されます。

02 言語化と象徴の共有
　共視の状態を通じて，子どもたちは物語の要素を言語化し，象徴を共有していくことでしょう。

① キーワードの抽出

　「つぐない」「一人ぼっち」「心の通い合い」といった物語の核となる言葉を，クラス全体で見出し，共有します。

② 象徴的要素の解釈

　くりやまつたけといった象徴的な要素について，クラスで議論し，その意味を共に探ります。

03 多様な視点の統合

　共視の状態は，多様な解釈を生み出し，それらを統合する過程を促進します。

① 登場人物の心情理解

　ごんや兵十の行動や心情について，子どもたちがそれぞれの視点から解釈し，それらを共有・議論することで，より深い理解に至ります。

② 結末の解釈

　物語の悲劇的な結末について，子どもたちが自由に想像し，それぞれの解釈を共有することで，文学作品の多義性を理解します。

04 概念の形成と深化

　これらのプロセスを通じて，子どもたちは以下のような概念を形成・深化させていきます。

① 思いやりの概念

　ごんの行動を通じて，思いやりとは何か，どのように表現されるのかを具体的に理解します。

② 誤解と和解の概念

　ごんと兵十の関係性の変化を通じて，誤解がどのように生まれ，解消されるのかを学びます。

③ 文学の特性理解

　直接的な表現がなくても，文脈から想像して読むことの重要性を学び，文

学作品の読み方についての理解を深めます。

　この学習のプロセスはあくまでも一例ですが，「ごんぎつね」の学習を通じて，子どもたちは共視の状態で物語を読み解き，議論し，解釈を共有することで，単なる物語の理解を超えた深い概念化のプロセスを経験することでしょう。この過程は，北山の共視論が提唱する「同じものを見る」ことによる深い理解と概念化のプロセスを体現していると言えるでしょう。

　北山は，共視において共に眺める者同士の絆の存在を重視しました。共視論の観点から見ると，話し合いの場での概念化プロセスは，単なる知識の獲得以上の意味をもちます。また，同じものを見る体験を通じて，子どもたち同士の関係性が深まり，互いの考えをより理解しやすくなります。さらに，共視の状態は，個人の思考を超えた集団的な思考プロセスを促進し，より高度な概念化を可能にします。

　つまり，関係性の視点で共視を捉えると，**相互の信頼関係が共に思考を深めることを可能にし，そのことが，さらに相互の信頼関係を深め，より高次の思考が可能になり，集団的な思考が活性化し，概念化が促進される**ことが期待できます。

　近藤（2010）は，共視の状態を「並ぶ関係」と呼び，「向き合う関係」が関係をつくる働きをもつのに対して，「関係を深める効果をもつ」と指摘します[33]。挨拶するとか，ほめる，認めるなど，コミュニケーションの関心が相手に向かっている関係性は「向き合う関係」であり，共通の対象を共に眺めて，それについて語り合う関係は「並ぶ関係」と考えられます。教室では，「向き合う関係」から始まり，徐々に「並ぶ関係」が増えていくことが，学級集団の質の高まりと言えるでしょう。

　共視の状態が成立するクラスは，深い学びの実現が可能で，そのことが，子ども同士の絆を形成し，学級集団の質的向上に寄与するわけです。共視が

成り立っているクラスと成り立っていないクラスを図にしてみました。図14の左が共視の成り立っているクラスで，右が成り立っていないクラスです。

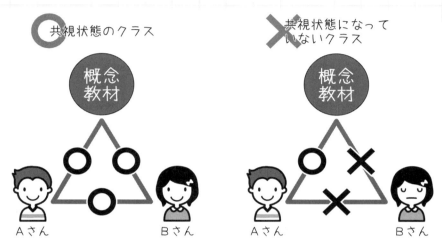

図14　共視状態のクラスとそうではないクラス

　共視状態のクラスでは，AさんとBさんの間にある程度の関係性があります。Aさんが教材に関心をもって向き合うときに，教材に対して特に関心をもっていなくてもBさんはAさんとの信頼をリソースに教材に向き合うことができます。「私は，勉強は苦手だけど，Aさんたちが楽しそうにやっているから，私もやってみようかな」ということが起こります。

　しかし，右のクラスでは，Aさんが勉強に向き合っていても，2人の関係性が希薄だと，Bさんの学習へのモチベーションに影響を及ぼさないでしょう。またもし，2人があまりうまくいっていない仲ならば，「Aさんが，楽しそうにやっているから，なんか嫌だな」ということが起こり得ます。子ども同士の関係性は，学習への促進要因にもなれば，阻害要因にもなるのです。

　こうした現象は，学習場面だけでなく，日常的に起こっていることでしょう。仲のいい人と映画を観れば，たとえ自分がその映画にあまり関心がなく

ても，楽しい思い出になることでしょう。仲のいい人と飲み会に行けば，たとえ自分はアルコールが飲めなくても，楽しい食事になります。そして，その逆のことも真なりです。例えば，関係性ができていない人と映画を観に行っても楽しめないでしょうし，そもそも行かないでしょう。仕方のない付き合いで，飲み会に連れて行かれても，楽しめないでしょうし，飲み会自体が嫌いになってしまうことすらあります。

　概念化が起こるときも，学習者同士の信頼がある場合は，互いの意見の認め合いが起こりますから，その分，概念化が起こりやすくなります。共通の認識，つまり概念を見つけたときに，信頼関係があれば，共視が起こり「なるほど」と共通理解しやすいわけです。しかし，学習者同士の信頼関係がないと，Ａさんが，「これってこういうことじゃないかな？」と言ってもＢさんはそれを認めようとしないかもしれませんし，そもそも，双方が意見を出さないことだってあり得ます。

　これはいつも「同意」を意味するものではありません。先ほどのＡさんの意見にＢさんが異を唱えることもあるでしょう。しかし，信頼があれば合意形成や納得解の発見などがしやすくなります。逆に信頼がなければ，対立や口論になって合意ができなかったり，対話を避けたりすることすら起こります。

　つまり，学習者同士の信頼関係は，学びの質に深くかかわっているものと考えられます。教師主導の授業の場合は，学習者同士の関係性が学びの質への影響があまり顕在化しませんが，協働型の授業によって深い学び（つまり，主体的・対話的で深い学び）に誘おうと思ったら当然，学習者同士の関係性をしっかりと育てなくてはならないのです。

　こうしたことを理論化しているのは北山だけではありません。近藤（2010）は，「並ぶ関係」の構造を説明するときに，ハイダーの均衡理論を援用しています[34]。均衡理論によれば，子どもと養育者が並んで何らかの対象

を見つめている三項関係において、三者は常に、正になるように変化すると言います。

　２人が、良好な関係性（＋）にある場合は、一方が対象を好意的に捉える（＋）ならば、もう一方もその対象に好意をもつ（＋）ように心が動き、また、一方が対象を嫌うなら（－）なら、もう一方もその対象を嫌いになる（－）ように心が動くのです（近藤，前掲）[35]。つまり、そうすることで、３つの符号を掛け合わせたときに、常に符号が正になるのです。

　また、２人が良好な関係性でない場合（－）は、一方が対象を好めば（＋）他方は対象を嫌い（－）、一方が対象を嫌えば（－）他方は対象を好きになる（＋）と言います（近藤，前掲）[36]。この場合も、符号をかけ合わせれば、正になります。

　共視論や均衡理論から裏付けられる深い学びの起こる教室は、子ども同士が意見の表出が自由にでき、その批判的思考ができ、共通点を見出したり合意をしたりできる開かれた教室であることがわかります。**深い学びが成立する教室は、考慮し受容するべき「制約」であると同時に、国が求めている目標を実現する姿**なのです。

10 学習指導要領が求めるクラス像

　資質・能力を育成するための，「主体的・対話的で深い学び」の授業，それが成り立つ要因を集団の構造から分析しました。ここでは，学級経営の視点から，理想のクラス像を探ってみたいと思います。

　河村（2010）は，学習指導要領や学級経営に関する先行研究を整理し，日本の教師たちが望ましいと考える最大公約数としての学級集団の姿を以下のようにまとめました[37]。

・自由で温かな雰囲気でありながら，集団としての規律があり，規則正しい集団生活が送られている
・いじめがなく，すべての子どもが学級生活・活動を楽しみ，学級内に親和的で支持的な人間関係が確立している
・すべての子どもが意欲的に，自主的に学習や学級の諸々の活動に取り組んでいる
・子ども同士の間で学び合いが生まれている
・学級内の生活や活動に子どもたちの自治が確立している

（河村，前掲）[38]

　いかがでしょうか。

　日本の教師たちは，規則正しい集団生活を望むと同時に，学級内の親和的関係がつくられていることや，子どもたちの主体的な活動性と自治を望んできたことがわかります。

　こうした日本の教師たちの志向性を河村（前掲）は，「指導ー教わるという縦の役割関係が良好に成立している集団を単純によい学級集団と日本の教師は捉えていない」また，「子どもたちの自主的・自治的な活動で学級集団

76

が運営されていくのを是とする傾向」があると指摘しています[39]。

　河村のこのまとめは，2010年時点のものですが，現行の学習指導要領では，どのようなクラスの姿が求められているのでしょうか。図15は，平成29年改訂，つまり現在の学習指導要領における学級経営に関する記述から，キーワードと思われるものを抜き出して，構成したものです。

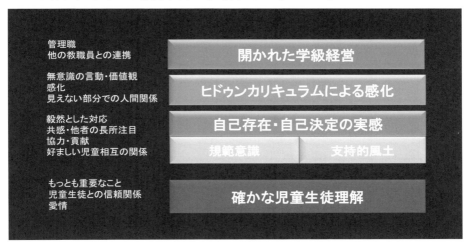

図15　小学校学習指導要領解説総則編における学級経営に関する記述

　なお，今回の改訂で学級経営の充実に関しては，初めて，小学校，中学校，高等学校において，学級経営（ホームルーム活動）の充実に関して記述がなされました。これまでは，小学校のみに記載されていたものです。中学校，高等学校のそれは小学校に準拠して記載されていると思われますので，小学校学習指導要領からキーワードを抜粋しました。

　現行の学習指導要領では，確かな児童理解に基づいて，毅然とした対応で規範意識を醸成，好ましい児童相互の関係性に基づく居場所感のある学級経営が望まれています。もっとも重要なこととして，子どもとの信頼関係や教師の愛情が取り上げられますが，一方で，無意識の指導，つまりヒドゥンカリキュラムに留意し，学級王国にならないよう他の職員と連携し開かれた学級経営をするよう求めています。

第2章　フレームワークとビジョン　77

しかし，これらの内容は以前の学習指導要領の内容と大きな違いがありません。つまり，こうした姿は，これまで引き継がれてきた伝統的な内容と言えます。

では，これまでに見られなかった内容と言えば，解説総則編においては，「主に集団の場面で必要な指導や援助を行うガイダンスと，個々の児童の多様な実態を踏まえ，一人一人が抱える課題に個別に対応した指導を行うカウンセリングの双方により，児童の発達を支援すること」や「小学校の低学年，中学年，高学年の学年の時期の特長を生かした指導の工夫を行うこと」の記載からわかるように，全体指導と個別指導をバランスよく組み合せ，子どもたちの発達に即して指導するように求めているところが挙げられます。

しかし，これは変わったというよりも，以前から大事にすべきことを改めて言葉にしたと言っていいと思います。では，何が変わったのでしょうか。

学習指導要領第6章の第3の1の(3)で，次のように示しています。

「(3) 学級活動における児童の自発的，自治的な活動を中心として，各活動と学校行事を相互に関連付けながら，個々の児童についての理解を深め，教師と児童，児童相互の信頼関係を育み，学級経営の充実を図ること。その際，特に，いじめの未然防止等を含めた生徒指導との関連を図るようにすること。」

ここには，**学級活動における児童の自発的，自治的な活動を中心として，学級経営の充実を図る**ことが明記されています。そこで，解説の特別活動編（小学校）における学級経営に関するキーワードを抜粋してみます。学級経営については，定義こそありませんが，内容について書かれています。「学級経営の内容は多岐にわたるが，学級集団としての質の高まりを目指したり，教師と児童，児童相互のよりよい人間関係を形成しようとしたりすることは，その中心的な内容である」としています。**学級経営の中心は，教室内の良好な関係性を築くこと，そして，集団の質を高める**ことだと言えます。

そしてその方法として不可欠なのが，「教師の意図的，計画的な指導とと

もに，児童の主体的な取組」と言います。主体的な取り組みの部分について，「児童が自発的，自治的によりよい生活や人間関係を築こうとして様々に展開される特別活動は，結果として児童が主体的に集団の質を高めたり，よりよい人間関係を築いたりすることになる」と書かれています。そして，さらに「学級経営は，特別活動を要として計画され，特別活動の目標に示された資質・能力を育成することにより，さらなる深化が図られることとなる」と明言しています。

　ここで特別活動の資質・能力を理解しておくことが必要なようです。解説特別活動編には，次のように書かれています。

(1)　多様な他者と協働する様々な集団活動の意義や活動を行う上で必要となることについて理解し，行動の仕方を身に付けるようにする。
(2)　集団や自己の生活，人間関係の課題を見いだし，解決するために話し合い，合意形成を図ったり，意思決定したりすることができるようにする。
(3)　自主的，実践的な集団活動を通して身に付けたことを生かして，集団や社会における生活及び人間関係をよりよく形成するとともに，自己の生き方についての考えを深め，自己実現を図ろうとする態度を養う。

　ここから，特別活動の資質・能力は「協働のための価値，態度，スキル」，「課題の発見と解決のための合意形成，意思決定の能力」，そして，「人間関係形成能力と自己実現への態度」ということがわかります。こうした資質・能力を高めることで，学級経営の深化が図られるという構造です。

　みなさんのクラスの子どもたちが，協力をする意味を理解し，そのためのスキルを活用し，生活上の諸問題の解決のために合意形成をし，協働でアクションを起こし，そのようなプロセスで良好な関係性を構築し，なりたい自分に向かおうとする姿勢もつメンバーが一定数以上いたら，どんなことが起こるでしょうか。きっとみなさんの理想とするクラスに近づくのではないでしょうか。

第2章　フレームワークとビジョン　79

これまでも学級経営の充実は唱えられていましたが，その具体的な内容やカリキュラムの中の位置づけは曖昧とされていました。今回の学習指導要領では，学級経営の中心的な内容は，よりよい人間関係の形成と集団の質の向上で，それを子どもの主体的な取り組みによって実現する，すなわち学級経営の充実は，特別活動が中心となって機能するとまで踏み込んで書かれているのです。その特別活動の中でもその主たる機能を果たすのが，学級活動における児童の自発的，自治的な活動ということです。

　また，学級経営の充実の方向性も記載されています。「学びに向かう集団づくりの基盤となり，各教科等で「主体的・対話的で深い学び」を実現する授業改善を行う上では，こうした基盤があることは欠かせないものである」と書かれています。本書69ページから75ページの「9　深い学びの教室の構造」で考察しましたが，学級集団の在り方は，深い学びの実現に強い影響力をもっています。学習指導要領でも，そのことを踏まえた上で，学級経営の充実を求めていると言っていいでしょう。

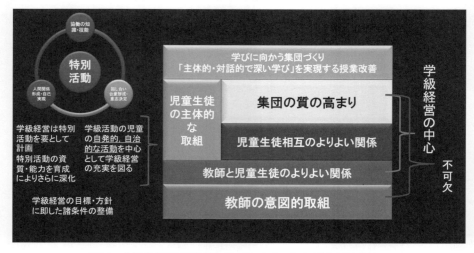

図16　小学校学習指導要領（平成29年告示）解説特別活動編における学級経営の充実に関するキーワード

11 理想としての自治的集団

　河村の整理とまとめによれば，日本の教師は，子どもたちの自主的・自治的な活動で学級集団が運営されていくのを是とする傾向があり，そうした集団を志向してきたことが指摘されていました。そして，現在の学習指導要領でも，学級活動における子どもの自発的，自治的な活動を中心として，学級経営の充実を図ることが明記されています。

　日本の教師は，いわゆる教師主導のクラスを良しとせず，子どもたちが主体的に集団づくりにかかわるようなクラスを目指してきたわけですが，その志向性は，学びに向かう集団づくりのために必要であることが学習指導要領によって意味づけ，裏付けられたと言えます。

　この自主的・自治的な活動ができる集団を，自治的集団と学校教育では呼んできました。本稿では，自治的集団の姿を明らかにしていきたいと思います。

　まず，小学校学習指導要領（平成29年告示）解説特別活動編では，

　「自発的，自治的な活動」は，「自主的，実践的」であることに加えて，「目的をもって編制された集団において，児童が自ら課題等を見いだし，その解決方法・取扱い方法などについての合意形成を図り，協力して目標を達成していくもの」とされています。

　元文部科学省教科調査官視学官，杉田（2009）は，特別活動で身に付けたい自治的能力を「多様な他者と折り合いをつけて集団決定することができる力」，「集団決定したことをそれぞれが役割を果たしながら，協力して実現することのできる力」と整理しています[40]。杉田は，集団決定という言葉を使っていますが，それは前回の学習指導要領で使用されていた言葉です。現行の学習指導要領では，合意形成という言葉に置き換えられました。

それは，今の学習指導要領が，多様な意見を集めて折り合いをつける多様性の尊重と民主的な意思決定プロセスを大事にしているからだと考えられます。「集団決定」という言葉は，集団からのはみ出しを許容せず，過度の同調圧力につながる可能性がありました。「合意形成」という言葉に変更することで，個々の意見を尊重しながら全体の方向性を決めていくプロセスを重視する姿勢が示されています。

　また，異年齢，様々な背景をもつ子どもたち，多様な他者との対話や協働を通じて，自分の考えを広げることが重視されています。**「合意形成」という言葉は，こうした多様性を前提とした対話的な学びの重要性を反映して**います。

　杉田の主張に今の学習指導要領の願いを取り入れて，自治的能力を捉えると，

・多様な他者と折り合いをつけて合意形成することができる力
・合意形成したことをそれぞれが役割を果たしながら，協力して実現することのできる力

と言い換えることができるでしょう。

　本書でも杉田の論に依拠して自治的能力を，問題解決のために多様な意見に折り合いをつけることができる合意形成能力及び，合意したことに基づき協力して行動を起こすことができる協働的実践力とします。

　学級経営が特別活動を要として計画され，その充実の主たる活動が学級活動の自発的，自治的な活動をもって図られるわけです。理想の学級として，自治的集団を掲げると，「もうそういう時代じゃない」とか「古き良き時代の理想」のような捉え方をされる場合もありますが，**自治的集団の育成は，これまでもそして現在も，学級経営の理想の姿なのです。**

12 自治的活動における自治的能力

　学習指導要領における理想の学級として，自治的集団が位置づくことがわかりました。また，その集団は，合意形成能力や協働的実践力をもつ集団であることも考察しました。

　では，そうした力は，子どもたちのどのような学習によって身に付くのでしょうか。それを知るためのヒントが，学習指導要領に示されています。小学校学習指導要領（平成29年告示）解説特別活動編には，学級活動⑴は学級や学校における生活づくりへの参画の学習過程が示されています。⑵は現在の生活上の課題，⑶は現在及び将来を見通した生活や学習に関する課題という違いがありますが，基本的な学習過程は同じです。図17は，学習指導要領に基づき，私が作成したものです。それぞれのステップを簡単に説明します。

01 問題の発見・確認

　まず，子どもが学級や学校生活の問題に気づき，解決すべき課題として取り上げます。

02 解決方法等の話合い

　次に，学級全体で話し合い，課題解決の方法を検討します。この過程では，多様な意見を出し合い，互いの考えを理解し合うことが重要です。

03 解決方法の決定

　話し合いを通じて学級の意思を決定します。ここでは，合意形成が望まれますが，全員の意見が一致しなくても，互いの意見を尊重しながら，学級全体としての方向性を見出すことが求められます。

第２章　フレームワークとビジョン　83

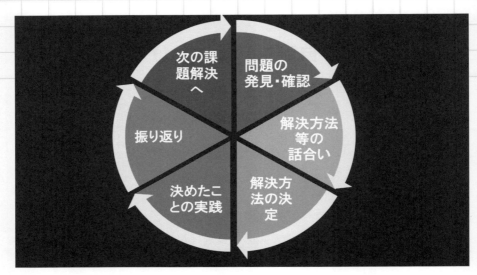

図17 学習指導要領における「学級活動(1) 学級や学校における生活づくりへの参画」の学習過程の例

④ 決めたことの実践

合意形成された内容を学級全体で協力して実践します。

⑤ 振り返り

実践後に活動を振り返り，次の課題解決に生かします。

自治的活動が組織されているクラスでは，日常的に学級生活上の問題の発見，話し合い，合意形成によるアクションプランの策定が行われ，問題の解決，改善のために協力して実践し，実践の結果を振り返って，軌道修正を繰り返し，集団の質が向上していくという構造をもちます。

13 自治的集団の構成要素

　自治的集団は，多くの教師が憧れをもちながら，その実現が断念されているのも現実です。それは，やはり自治的集団のイメージがわかないことと指導方法がわからないことが大きな要因の１つだと考えています。ここまで，自治的集団のもっている能力，そしてそこではどのような活動がなされているかを述べてきました。

　自治的集団の解像度を上げるために，自治的な集団の具体像に迫ってみましょう。河村は，自治的集団が成立している時期のクラスの姿として，次のように描写しています。

　学級のルールが内在化され，一定の規則正しい全体生活や行動が温和な雰囲気の中で展開される。

　課題に合わせてリーダーになる子どもが選ばれ，全ての子どもがリーダーシップをとり得るようになる。学級の問題は自分達で解決できる状態（逸脱行動には集団内で抑制するような行動が起こり，活動が停滞気味なときには，子どもたちの中から全体の意欲が喚起するような行動も起こる，子どもたちだけで考えても学校教育の目的から外れないという具合）である。子どもたちは自他のために協力できる状態である（河村，2010）[41]。

　河村の記述から，自治的集団の構造が見えてきます。

01 秩序の確立と手順の共通理解

　ルールが内在化しているということは，教師がいちいち注意をしなくても子どもたちがルールを守っている状態になっているということです。もちろん，多少の逸脱行動はあるでしょうが，大方の子どもたちは，教師がいない

ところでもルールを守っている，つまり秩序が守られている状態です。また，規則正しい全体生活や行動が展開されているということは，学級生活の手順が共通理解されているということです。授業中にはどういう行動をとればいいのか共通理解されていて，また，休憩時間の過ごし方を含めて，朝の会から帰りの会までの日常生活のルーティンが理解されていて混乱がない状態です。そして，それが温和な雰囲気の中で進行しているわけです。

　温和な雰囲気を構成する要素は多々ありますが，誰にでも発言の機会があり，何を言っても許容されたり，相互の違いが理解されたりしていて多様性が尊重されている状態があることでしょう。基本的にメンバー間に協力的な関係があり，互いをわかり合おうとする共感的な関係が築かれています。

02 対等性とリーダーシップ

　全ての子どもがリーダーシップを取り得るようになるということは，まず前提として，互いの個性や強みが認められているということです。つまり，目立つ人，目立たない人，仕切る人，応援する人の役割交代が流動的で，互いの対等性が保障されています。

　もちろん，それができるためには，クラス内に多様な役割があり，時と場合に応じてリーダーが現れるような仕組みも必要です。会社活動などは，その一つと言えます。また，誰がリーダーになっても仕切り役になっても協力する，というフォロワーシップが育っていることも大事です。

03 問題解決志向

　学級の問題は自分たちで解決する，大事なことはみんなで決めるなどの，問題解決志向の文化をもっています。そして前項で述べたような問題解決のための仕組みをもっています。学級活動における話し合い活動が定常的に実施されることが望まれます。

　問題が起こったときにだけ話し合うクラスがありますが，そうしていると常に「話し合い＝トラブル解決」という認識が共有され，話し合いを嫌う子

どもが出てしまいます。みんなで楽しいことを企画することも大いにやります。また，週１時間程度の話し合いだけでなく，日常的にクラスの問題や互いの困りごとを開示し，みんなで解決するような活動が起こっている状態です。

04 相互支援・協力の雰囲気

多くのクラスでは，たくさんの話し合い活動がなされているとは思いますが，話し合う目的は指導されているのでしょうか。 **話し合いは，合意形成をするためのものです。**

話し合いとは問題解決をするものであり，そのためには合意が必要であるなどのことが共通理解されている必要があります。話し合いの目的が曖昧なクラスでは，良質な話し合いが起こらないことでしょう。誰もがリーダーになれる状態や合意形成に基づく問題解決ができるためには，互いに助け合おうとか協力し合って生活をつくっていこうという姿勢が必要です。

こう書き並べてみると，なんだか現実離れしたきれいごとばかり並べ立てているように思うかもしれません。しかし，高い目標を掲げることに意味はないのでしょうか。

高い山を登ることにチャレンジしてみて，もし登頂に成功しなくてもそれは意味がなかったのでしょうか。その挑戦をするために，山の地形や気象条件を調べたり，協力者を募ったり，筋力トレーニングをしたり，様々な準備をしたことでしょう。また，本番の登山でも，予期せぬことに出会ったり，その途中途中で見える景色に感動したり，山頂まで行けなくても得るものは多々あったことでしょう。

一方で，あまり努力を要しない山登りをして，当然のように成功しても得るものはあるでしょうか。また，自分に何か変化は起きるでしょうか。筋トレでもダイエットでも**変化が起きるためにはそれなりの「負荷」が必要です。**

第２章　フレームワークとビジョン　87

高い目標を目指すことは，成功失敗にかかわらず，私たちに貴重な学びを授けてくれることでしょう。自治的集団とまではいかなくても，あたたかなクラスになったということでもいいでしょう。教師のサポートが多々あり，子どもたちだけで問題を解決できたわけではないが，問題を解決して喜ぶ子どもたちの顔が見られた，クラスであまり自己開示はしないあの子が，リーダーをやってみて周りから認められ充実した表情をしていた，などなど，高い峰を目指すからこそ起こることが様々に想定されます。
　自治的集団は，遠く離れた天空にぽっかりと存在しているわけではないのです。図18のように教師と子どもの信頼関係，子ども同士の共感的な関係性，秩序，対等性など，必要なことを身に付けたその先に見えてくる世界なのです。

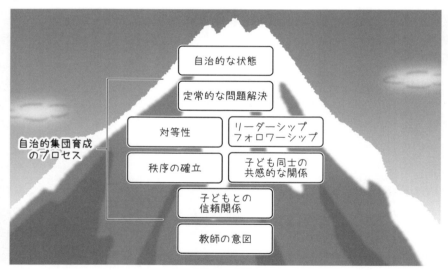

図18　自治的集団育成のプロセスの構成要素例

　自治的集団を志向し，必要なことを育てていくことは，そのプロセスにおいても，色々な教育効果が期待されます。学級経営は教師の意図から始まるわけですから，**教師が自治的集団の価値を知り，理想のクラス像として描くことは教育上意味のあること**ではないでしょうか。

14 子どもにとっての自治的集団

　自治的集団への志向性は，日本の教師が従来からもっていたもので，それ自体は新しいものではありません。しかし，子どもたちの逸脱行動や学級崩壊などのクラスを舞台にした問題が顕著となる中で，「よい学級」の在り方を問う，議論や研究が立ち遅れ，規律重視で管理志向の問題が顕在化しないクラスがよいクラスとして捉えられる傾向が強まったように思います。

　仕組み的な背景としては，自治的集団を育てるための主な場であった特別活動が，学習指導要領の改訂や，学力向上への関心の高まりの影響で縮小されていきました。こうした，流れの中で，自治的集団の育成の意味や方法論が，わからなくなってしまい，いつしか，学級経営におけるリアリティを失ってしまったのではないでしょうか。

　しかし，ここまで検討したように，自治的集団へのニーズはなくなるどころか，学習指導要領に照らし合わせて考えれば，その意味が再確認どころか強化されていると言えます。一方で，子どもの成長や発達から見て，自治的集団で学ぶことにどのような意味があるのでしょうか。

　白松（2017）の「学級経営の三領域」は，これまでの学級経営の議論や研究をとても端的に整理していて，多くの学級経営の研究，実践に示唆を与えていると思います（図19）[42]。

　学級経営の基盤にあるのが必然的領域で，子ども一人一人が人格をもった存在であることを尊重して，かかわります。自己と他者の「心と体」を傷つける言動は許さない指導をします。どの学校，どの教師であっても，必ず同じように指導するという意味で必然的領域です。

　その上に位置するのが，計画的領域です。ここは学級において子どもたちの「できること」が増えるように計画的に指導します。最上位に位置するの

第2章　フレームワークとビジョン　89

が，偶発的領域で，ここは，偶発的に生じる出来事への対応をしながら，クラスの問題解決や文化創造をします（白松，前掲）[43]。このモデルから，学級経営とは，子ども一人一人の人権を保障するあたたかさのある指導を基盤にし，子どもたちのできることを増やして学習や学級生活に秩序を形成し，それらをリソースにして，問題解決をしながら良質な文化を醸成することであるとわかります。白松（2017）は，最上位に位置する偶発的領域には，自治的領域と自律的領域があるとしています[44]。

白松の偶発的領域のイメージから，子どもにとっての自治的集団の姿をうかがい知ることができます。

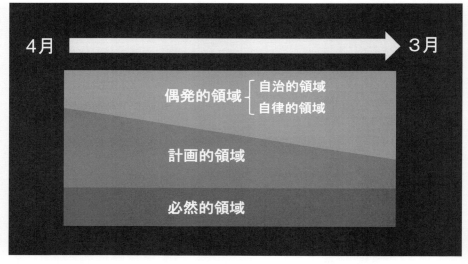

図19　学級経営の三領域（白松，2017をもとに筆者作成）

白松（前掲）が，偶発的領域の必要性について挙げているのは，「どのような児童生徒がどのような関係性を学級内で築くかは，教師に管理しきれない部分がある」ということです[45]。私自身も小学校において19年ほど学級担任の経験がありますが，子どもたちがどこでどのようにつながっているかを

把握していたかと問われたら，その自信は全くありません。学級担任をやったことがある方ならわかると思いますが，子どもは大人の前ではいじめはやりません。いじめは，大人の見えないところでやります。もし，教師の見えるところでやっていたとしたら，その教室では教師が教師として機能していないことを意味しています。

　学校生活には，教師の目の届かない時間がたくさんあります。そのような時間においても，互いの人権が守られるあたたかな関係が保たれるためには，子どもたちの自治的，自律的な姿勢が必要です。休憩時間や放課後に，いじめのような行為があったとき，自治的，自律的集団の中では，それに対して抑止の行動が起こることでしょう。そのとき，見逃してしまっても相互につながっているので，誰かに相談したりしているうちに教師の知るところとなる確率は高まります。また，自律的な集団にいることによって，自律能力が高まっている場合は，侵害行為に及ぶ確率を下げるわけです。「これをやったら傷つける」「これを言ってはいけない」というセルフコントロールができるわけです。

　あるクラス（小学校３年生）に，クラスメイトから馬鹿にされがちな男子児童がいました。彼は，よく教室の片隅で泣きべそをかいていることがありました。「何があったの？」と聞くと，「悪口を言われた」と言いました。担任は，いじめ差別など侵害行為を許さないと言い続けていました。

　しかし，低学年，いやもっと小学校入学前から子どもたちの間にできていた階層性は，なかなか解消しませんでした。しかし，担任は話し合い活動を定期的に実施し，クラスや個人の生活上の諸問題の解決を子どもたちと共に取り組み，クラスの自治的能力を育てていきました。

　すると，あるとき話し合いの議題に，彼がいやがらせを受けていることがあがり，話し合いの結果，「気づいた者が，いやがらせをやめるように声をかけるようにしよう」と決まりました。話し合いの中で，子どもたちは，彼がいやがらせを受けていても見て見ぬふりをしたり，いつものことだから問

題ではないと思っていたりしたことが明らかになりました。また，いやがら
せをしていた本人たちも，いつものようにいやがらせをやってしまっていた
り，それがいやがらせだと気づいていなかったりしていたようでした。

　話し合いがあり，周囲の子どもたちの行動が変わり，彼がいやがらせを受
けることはずいぶん減りました。それでも教師の見えないところで，悪口を
言われるようなことはありました。それほど，彼への侵害行為は，一部の子
どもたちの日常行動に根付いていたのでした。

　そんなある日，今まで，自分から訴えることのなかった彼が自ら，「いや
がらせを受けているのでやめてほしい」と議題を出しました。彼は，言葉に
よる表現や感情表現が未熟なところもあって，自分ではなかなかいやだと言
えませんでしたが，とうとう自分の口でいやだと言うことができました。彼
はクラスメイトからたくさんの解決策を提案してもらい，嬉しそうでした。
「すぐ近くの人に助けを求める」と自ら決めました。それから彼への侵害行
為はほぼなくなり，彼が，教室で泣きべそをかいていることはなくなりまし
た。

　このことは，１つの教室で起こった小さな出来事かもしれませんが，いや
がらせを受けていた１人の子どもが，周囲の支援も受けて，自分で自分を守
る力を得たことは，彼の人生にとって大きな意味があったことでしょう。ま
た，集団としても，いやがらせを看過し，問題と思っていなかった子どもた
ちが，クラスメイトをいやがらせから守り，侵害行為を見逃さない文化をつ
くったという経験も彼らにとってかけがえのない経験だったのではないでし
ょうか。

　「いじめ差別は許さない」という規範は，子どもたちの自律によって成り
立ってこそ意味があります。上の事例では，クラスにおける自治的活動が，
子どものいじめへの抑止力を育て，また，いじめに対する抵抗力にも影響し
たと考えられます。自治的活動が，子どもたちの自律的能力を触発している
ことがわかります。

92

15 学校に行く意味の創造① ホスピタリティ

　白松（前掲）が挙げる偶発的領域が必要なもう１つの理由は，ホスピタリティ（主体的な思いやり）と一体感です[46]。偶発的領域は子どもたちの自主的な文化創造を促すので，ホスピタリティとは，「もてなすこと。もてなす気持ち」（広辞苑，第七版）ですが，「思いやり」という意味もあります。

　白松（前掲）は，「必然的領域や計画的領域の指導を通じて子どもたちとの信頼関係を深め，偶発的領域として自主的・実践的な活動を大切にしている学級では，いい意味での偶発的な出来事が起こります」と言います[47]。

　誰もがおもてなしや思いやりを受ければ嬉しいものですが，それがマニュアルに沿ったものだとわかったらどうでしょう。興ざめですよね。予期せぬものだから，嬉しいわけです。白松はディズニーランドのキャストの対応の例を挙げていますが，それが嬉しいのは恐らくマニュアルにないであろうことをしてくれたからです。

　スターバックスに行くと店員さんから，「今日はお仕事ですか？」などと声をかけられることがあります。マニュアルにあるのかもしれませんが，「ご注文は何になさいますか？」などの決まりきったセリフよりは，少し嬉しかったりします。偶発性がホスピタリティとなるためには，必然的領域，計画的領域が下支えになっていることが重要です。

　必然的領域は，自他の人権を守るということが基本です。クラスにおけるすべての営みは，人をあたためるという方向づけがなされて指導されます。そして，計画的領域は，日常のルーティンの確立です。ウォン・ウォン（稲垣訳，2017）は，「子どもたちは，何を行うかを予測できる，安心できる学びの場を求めています。つまり一貫性のある環境です」と言うように，子どもたちが学びやすい環境としての教室には，秩序と一貫性が必要です[48]。**教**

第２章　フレームワークとビジョン　93

室は，次にどうなるかわかる，予測可能な環境の方がいいのです。

「そんな先が読める教室なんて面白くないじゃないか」と思うかもしれませんが，私たちが楽しさや面白さを感じるのは，不安のないときです。見通しが立たない環境では，不安が生じモチベーションが下がります。ホスピタリティが起こるときに予測可能な環境が必要です。この秩序の保障された予測可能な環境で，なおかつ，予期せぬ出来事，しかもそれは必然的領域で方向付けられた人を喜ばせることが起こるから喜びが増すのです。

ディズニーランドもスターバックスも，**秩序が守られた状態で，予期せぬ思いやりに遭遇すること**でお客さんの心を鷲掴みにするのです。みなさんの教室では，どんなホスピタリティが起こっているでしょうか。

思いつくだけでも様々挙げられます。まずは，いわゆる「思いやりがあるなあ」と思わせる行動です。
・転入生をあたたかく迎え入れ，学校生活に馴染めるようサポートする。
・体調不良のクラスメイトに声をかけ，保健室への付き添いを申し出る。
・忘れ物をした友達に文具を貸し出す。

転入生が来るとわかったとき，また逆に転出する子がいるとわかったとき，歓迎会やお別れ会をしようと声があがるクラス，また，教育実習生の実習が終わるとき，サプライズお別れ会をしようなどの声があがるクラスです。体調不良の子がいたときに，普段あまり一緒にいない子でも，付き添いに立候補するクラスです。また，忘れ物をすると心細い思いをする子がいます。そんな子に，さりげなく貸してくれるようなクラスはあたたかく感じることでしょう。

また，みなさんの教室にさりげなく，快適な環境づくりをしている子はいませんか。
・教室の掃除や整理整頓を率先して行う。
・窓の開閉や空調の調整で，快適な室温を保つよう気を配る。

・教室の装飾や季節の飾りつけを工夫し，居心地の良い空間をつくる。

　直接人に向かう思いやりではなくとも，掃除に前向き取り組んだり，整理整頓に気を配ったりすることができるクラスは，それが自分も人も気持ちいいことであるとわかっているのではないでしょうか。私の経験では，クラスが落ち着いてくると，自分が落としたものではなくてもごみを拾う子が増えます。彼らに「どうして？」と尋ねると，「なんとなく」といいことをしたようなそぶりも見せませんでした。ごみが落ちていたら拾うことが当たり前になっているようでした。

　また，学級崩壊しているクラスでは，暑いときでも誰一人，窓を開けようとしませんでした。周りに気を配る余裕がないのか，また，それは目立つ行動で，それをしたら何かを言われるのではないかと恐れているようにも見えました。

　良質な関係性のあるクラスでは，互いのコミュニケーションが円滑に進むよう以下のような姿が見られます。
・クラスメイトの良いところを見つけて褒める。
・グループワークで意見を出しやすい雰囲気をつくる。
・休み時間に孤立しがちな子に声をかけ，会話の輪に誘う。

　関係が良好な状態だと，「○○ってすげえ」とか「○○さんって〜〜が得意だもんな」と他者の良いところを指摘する声が当たり前のように聞こえます。他者のよさをアウトプットすることが良いことだという文化が生まれるようです。また，グループワークでもみんなで楽しみたいとかみんなで課題を達成したいと思うので，発言の少ない子に「○○さんはどう思う？」と声がかかります。また，人が話しているときには，注目したり，傾聴したりしますし，ときには「ちゃんと聴こう」と声がかかることがあります。

　また，１人の子を放っておかないという文化ももつようです。誰かが１人で活動していると「一緒にやらない？」と声がかかります。休み時間も「一

緒にやる？」と声をかけます。さらに育っているクラスだと，誘われた子も「嬉しいけど，ちょっと今，本を読みたいからごめん」などと断ることも普通にできます。断っても関係性が切れないとわかっているからできるわけです。

　思いやりは話し合いにおいても見られます。こんな姿に話し合いが促進されます。

・他者の意見や考えを否定せず，丁寧に耳を傾ける。
・互いの違いを尊重し，多様であること，異なることを受け入れる。
・相手の立場に立って考え，思いやりのある言動を心がける。

　良質な話し合い活動を経験しているクラスは，話し合いでは，みんな意見や立場が異なることを知っていますから，とりあえずどんな意見も聴こうとします。話し合いとはそういうものだと思っているし，また，いろいろな意見があるから話し合いの質が高まることを知っているようです。どんな意見も，まずは否定せず，最後まで聴いてから議論する習慣ができています。また，どんな意見にも相手の思いがあることを知っていますから，「ダメ」とか「違う」といった頭ごなしに否定する言葉は使わずに，相手の立場や感情に配慮するものの言い方を選びます。

　これらの行動は，「自発的に相手を想い行動する」というホスピタリティの本質ではないでしょうか。クラスという小さな社会の中ですが，互いを思いやり，互いにとって快適な環境をつくり出すことで，豊かな教室環境を創造できます。また，教室内での私語を控えるなど，他者への配慮も重要なホスピタリティの一例です。このような日々の小さな心遣いの積み重ねが，クラス全体の雰囲気を良くし，一人一人が安心して過ごせる環境づくりにつながるでしょう。

16 共有体験

学校に行く意味の創造②

白松（前掲）は，偶発的領域における教育的効果として，共有体験に注目しています[49]。「みんなで時間を忘れて取り組んだ」体験とか周りの人と充実した時間の共有がなぜ大事なのでしょうか。自尊感情の育成において原象徴的三角形の構造に注目した近藤（前掲）は，「こうした体験を「共有体験」と呼び，「自分の感じ方が隣にいる信頼できる友達と同じだ」ということを確認し，「自分はこれでよいのだ」，そして「自分はここにいてよいのだ」ということを確認する。その体験こそが基本的自尊感情を育む第一歩になる」と言っています[50]。

小学校，中学校の思い出に，遠足，修学旅行，運動会，体育祭，部活動を挙げる人が多くいますが，こうした集団活動は，共有体験になる可能性が高いです。なぜ，それが思い出に残るかと言えば，近藤の論に依拠すれば，そのときに，私たちは自分に対する肯定的感情を高めているからだと考えられます。これは１人では決して味わえない，強烈な快の時間だと思われます。

学校における共有体験は，修学旅行や運動会などの行事ばかりではありません。それぞれの教室でも，先ほど挙げた転校生の歓送迎会，また，お誕生会，クラスのお楽しみ会などなど様々なものがあります。しかし，それらはただやれば共有体験になるかと言ったらそうはならない可能性もあります。

例えば，クラスにイベント係があって，その発案でドッジボール大会があったとします。イベント係は，４人くらいで，あとの20人以上は係ではなかったとします。その４人主導でイベントを実施しても，ドッジボールが好きな子は，主体的に参加するでしょうが，他のメンバーはいやいや参加しているかもしれません。するとクラスみんなで，楽しさを共有したということにはなりません。したがって，自尊感情の高まりもあまり感じられないことで

第２章 フレームワークとビジョン 97

しょう。

　もしそのドッジボール大会が，クラスみんなで話し合って，ドッジボールが好きな子も苦手な子もいることが共有されながらみんなで楽しめるルールのようなものを合意して決めていたらどうでしょう。子どもたちの関与の仕方が大きく異なることでしょう。イベントまでのプロセスの違いが，主体性の違いとなります。

　ディズニーランドに行って楽しいのは，信頼できる人と一緒に行くからではありませんか。そもそも嫌いな人と行くことがないから，ディズニーランド＝楽しい体験となっていますが，修学旅行や運動会は，信頼できるメンバーと参加するとは限りません。そこにたどり着くまでに，目標を共有したり，役割を分担したり，みんなが楽しめるためのルールを設定したりして，イベントが共有体験に足る準備をする必要があります。

　当然，そこに至るまで集団づくりをある程度やっておく必要があります。行事の直前になっていろいろやろうとするから，無理がかかるのです。そのような状態では，良質な体験になりづらいわけですから，「手間をかけた割には実りなし」の状態になります。行事を子どもの成長やクラスの雰囲気づくりに寄与させていた教師たちは，行事までに子どもをある程度育て，行事で教育効果にブーストをかけているのです。そこから「行事で育てる」という発想が出てきているのだと思われます。

　では，その準備をする時間は時間割上のどんな時間でしょうか。

　それが特別活動であり，学級活動です。イベントにみんなが参加するときに生じる問題から課題を見出し，それを主体的な話し合い活動で解決することで，共有体験をする準備ができるのです。

　近年の修学旅行や運動会に子どもたちがあまり意味を見出せなくなっているとしたら，そのイベントまでの事前指導にも問題があるように思います。集団を育てるという視点のないままにそのための事前指導もせず，いきなり

行事を迎えたとしたら，子どもにとっては，「いち早く過ぎ去ってほしい時間」となってしまうことでしょう。

とは言うものの，学校行事の成功は間違いなく良質な共有体験です。家庭的規模を超えた大きな感動を味わうことができることでしょう。その分，子どもたちの自尊感情も高まると考えられます。中学校では，体育祭や合唱祭が，学校づくり，集団づくりとしてまだ機能しているところが多いように思います。教師たちの話を聞くと，そこに向かってモチベーションを高める働きかけをしている先生方が少なくありません。一方，小学校では多忙なせいでしょうか，学校行事を負担に感じている教師の割合が高いように感じます。その感覚にコロナ禍が拍車をかけてしまったところがあるかもしれません。

行事による共有体験の創造が難しかったら，各教室で共有体験を起こしてみたらいかがでしょうか。学級生活における諸問題の解決や，クラスメイトの個人的な悩みの解決だって共有体験です。もちろん，授業における，みん

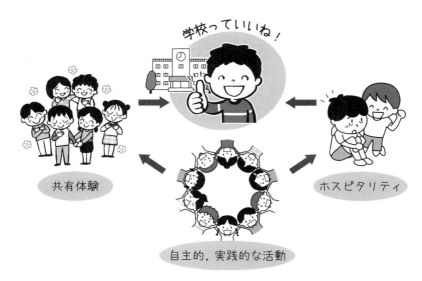

図20　自主的，実践的な活動の意味

なで「できた，わかった」実感も共有体験です。

　ホスピタリティも共有体験も，子どもたちに「学校に行きたい」と思わせる強い理由になり得るのです。学校に行く意味を見失う子どもたちの存在が指摘される今，学校におけるこうした体験の意味を再確認してもいいのではないでしょうか。

　白松（前掲）は，偶発的領域は，「必然的領域や計画的領域で行ってきた学級経営に加え，各教科や特別の教科道徳などを通じた個別の学級経営を，統合的に深化・拡充する領域である」ことを指摘し，「児童生徒の自律的な行動や自治的活動の中で，よりよい統合・深化・拡充が生じる」と言います[51]。

　国語，算数（数学）においても，学級経営が行われていて，それはカリキュラムのそれぞれの部分で個別に営まれているわけですが，偶発的領域では，それを統合し，深め，広めていく役割をしています。小学校では，学級担任制であることが多く，担任の志向性がその統合の「接着剤」であり，深める「掘削機」であり，それを伸ばし広げる「麺棒」であったりすることがありますが，それだけに，子どもたちの声を聞きながら，統合，深化，拡充がなされないと閉じた学級経営になってしまいます。

　だからこそ自治的活動が求められるのです。教師が解決してしまえば，簡単なことでも，子どもたちに「みんなはどう思う？」と尋ねることで，子どもたちは，その問題について考えます。そして子どもたちが決めたことが学級の規範になることがあります。ああでもない，こうでもないと言い合い，考え合うことも学級の雰囲気をつくっていくことでしょう。

　教科等を横断して溢れ出してくるものの質が，学級の豊かさになると考えられます。それは集団の雰囲気であったり，信頼の度合いであったりします。子どもたちを見ていると，丁寧な指導によって教えられてはいますが，育っていないように思います。知ってはいますが，使えていない状態です。

　あれだけたくさんの知識をもちながら，話し合いができないのです。話し

合いの経験値が足りないのです。偶発的領域の指導が不十分なのだと考えられます。学級生活の中から溢れ出してくるものとは，学級文化です。

　学級文化とは，あるクラスに固有の価値観，規範，習慣，行動様式などの総体を指します。これはクラス内で共有され，時間をかけて形成される独特の雰囲気や特徴を表します。

　みなさんもこれまで過ごしてきた部活，サークル，ゼミ，職場，などなど様々な文化をもつ集団に所属してきたのではありませんか。人が集まれば，そこには文化が生まれます。質の高い学級経営とは，いかに良質な文化を集団で共有するかがポイントなのではないでしょうか。
　学級集団と文化の問題に触れておきたいと思います。

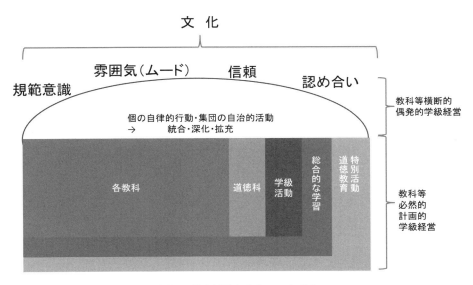

図21　教育活動と文化のつながり

17 学級のカルチャー

組織文化やモチベーション改革の専門家で，企業やスポーツチームの組織文化改革に携わってきたゴードン（稲垣訳，2018）は，「ポジティブなチームは，偶然の産物ではない。ポジティブなカルチャーをつくるために，チームのメンバーが時間とエネルギーを投資して初めて誕生する」と指摘します[52]。

ゴードン（前掲）は，「カルチャーとは，チームが「何を信じるか」「何を大切にするか」「何をするか」を示す，生きた「本質」であり，チームカルチャーとは，チームのコミュニケーション，つながり，考え，仕事，行動について明文化されたルール，不文律」のことだと言います[53]。

ゴードンの言うチームカルチャーは学級文化と似たような概念と捉えることができます。学級文化と言ってもいいのですが，日本語で文化と言うと，物心両面の成果や文明といった少し大きな意味が混入してくるので，本書では，学級カルチャーと呼んでみたいと思います。

ゴードンの記述に依拠して，学級カルチャーを表記してみます。

「良質なクラスは，偶然の産物ではなく，良質な学級カルチャーをつくるために，クラスの子どもたちが時間とエネルギーをかけて，初めて生まれるものである，そして，学級カルチャーは，教師と子どもが，「何を信じるか」「何を大切にするか」「何をするか」を示す，学級生活の指針である。また**学級カルチャーは，クラスのコミュニケーションであり，つながりであり，考えであり，学習や活動，行動について明文化されたルールであり，言語化されていない規則や慣習**である。」

人が複数集まるところには，そこに独自の集団のカルチャーが生まれます。カルチャーの存在が同調圧力などを生み，学校の居辛さの要因となっている

102

から，そうしたものを排除してフラットな風通しのよい集団を志向したいという意見も聞きます。気持ちとしてはよくわかりますが，カルチャーが生まれることを避けることができません。それは現実的ではありません，それこそ学級経営上の制約であり，受け入れるべき対象です。同調圧力等好ましくないカルチャーを受け入れるのでなく，どうしても生まれてしまうカルチャーなら，良質なカルチャーをつくるべきです。

　本書をお読みのみなさんも，過去，現在かかわっているクラスを思い浮かべてみてください。様々な，良質なカルチャーをもっていたのではありませんか。ただ，あまり言語化しなかったのではないでしょうか。それを意識するだけで，クラスの見え方が変わるし，指導の在り方も変化することでしょう。

　では，教室のカルチャーはどのように形成されるのでしょうか。ゴードン（稲垣訳，2018）はカルチャーをつくる上でもっとも大事なこととして「カルチャーをつくるには，自分たちが何を象徴する存在になりたいか，どういう存在として知られたいかを，まず確認しなくてはならない」と指摘します[54]。

第2章　フレームワークとビジョン　103

バックキャスト思考では，ゴールビジョンが「要」だと言ってきましたが，やはりカルチャーの創造においても同じことが言われています。

　ゴードンの主張から，あるエピソードを思い出しました。私が，小学校の学級担任として最初の学級崩壊状態のクラスを担任したとき，学年も荒れていました。担任４人で相談し，６年生４クラスをこのまま卒業させたくないと思い，学年を立て直すプロジェクトを構想しました。その立ち上げに当たり，体育館を会場にして，学年集会を開き，私から子どもたちに語らせていただきました。

　「少し想像してほしい。みなさんは，１年後に卒業式を迎えます。この体育館には紅白幕が張られ，１年生から５年生までの在校生が花道を囲み，みなさんを迎えます。そのとき，みなさんは在校生たちにどんな気持ちで拍手をしてほしいですか。在校生には司会の先生が拍手を求めますから，きっとみんな，拍手をしてくれるでしょう。しかし，拍手をするときの気持ちまでは決められません。『大変な人たちだったな，ああ，やっと出て行ってくれる』と思われたいか，それとも『すてきなお兄さん，お姉さんだったな，もっと一緒にいたかったな』，みなさんは，どちらの気持ちで送られたいですか？」

　子どもたちは，自分たちがどんな状態であるかはわかっていたと思います。「何言っているのだ，この人は？」という表情の子もいましたが，ほとんどの子は，真剣に話を聞いていました。１年後，彼らは驚くほどに成長し，惜しまれながら卒業していきました。思えばこれが，良質なカルチャーをつくるための最初の働きかけだったかもしれません。

　教師と子どもが「私たちはどうなりたいか」ということを共有することが大事なのではないでしょうか。年度の初めに，学級目標を子どもたちの話し合いで決めるクラスがありますが，これは学級カルチャーづくりの第一歩と言えるでしょう。

18 自治的集団の学級カルチャー

　では自治的集団とはどのような学級カルチャーをもつ集団なのでしょうか。前掲した自治的集団のイメージに則っとりながら，これまで研究等でかかわらせていただいたクラスの観察と考察から記述してみます（図22）。

01 私たちは対等である

　自治的集団は互いの信頼によって成り立ちます。信頼の必要性については 02 に示しました。対等な関係性は，信頼関係を構築する上で重要な基盤となります。学校教育では，教師と子どもの年齢差がありますが，上下関係になりがちです。しかし，子どもを「未熟な存在」として見るのではなく，一個の人格をもった存在として尊重することが大切です。教師が子ども一人一人を対等な存在として扱うことで，信頼関係が育まれていきます。

　教師と子どもは対等な存在であるというと，たまに抵抗感を示す教師に出会います。気持ちはわかります。教師と子どもは社会的立場も役割も違います。しかし，そのことが人としての上下を意味するものではありません。対等性を意識する教師は，子どもが何かを成し遂げたときに，「えらい」とか「すごい」とかご褒美的な称賛は言わないでしょう。「すてきだね」とか「嬉しい」と感動や喜びを伝えるでしょう。

　ちょっとした例ですが，教師のそうした意識は，指導行動や立ち居振る舞いのあちこちに表出します。上下関係のあるところで信頼関係は生まれにくいです。教師のこうした人と人とのかかわりにおける意識は，子どもたちに学習されます。子どもたちにフラットな関係性を望む教師は多いですが，それがなかなか実現されないのは，教師が最初の上下関係を持ち込んでいるからです。

　対等な関係性があるからこそ，リーダーが局面，局面で変わるという自治

第2章　フレームワークとビジョン　105

的集団の姿が現れるわけです。対等性は，のちに述べる自治的集団のもと学級カルチャーのベースになっています。

例えば，意見の尊重です。対等な関係では，互いの意見を尊重し合うことができます。また，対等な関係は，子どもは自主的に行動する機会が増えます。気兼ねなく行動できるからです。逆に，上下関係ができると，子どもの自由度が抑制されることでしょう。

02 互いに信頼しよう，信頼関係を大事にしよう

先述した自治的集団のイメージの検討の中で，自治的集団の必要条件となっていたのが，秩序と温和な雰囲気でした。それを成り立たせるのが信頼関係です。学級の秩序は，メンバー間，特に教師と子どもの信頼関係が揺らぐと崩れます。そして，教師との信頼関係だけでも秩序は維持されません。教師と子ども，子ども同士の信頼関係が必要です。

自治的集団の基盤となるのは，信頼関係です。教師と子ども，そして子ども同士が互いに信頼し合える関係性を築くことが重要です。教師がまず，子ども一人一人との個人的信頼関係を大事にするという信念をもって行動し，互いの信頼が大事であることを子どもに伝え続けることが大事でしょう。

03 ルールを尊重しよう

これも自治的集団の基盤です。学級のルールが子どもに内在化され，自主的に守られることが重要です。ルールを教師が一方的に提示するのではなく，子ども自身がその必要性を理解し，自ら遵守するカルチャーを育てる必要があります。教師がいちいち声をかけなくてはならない状態は，まだカルチャーにはなっていませんが，何もしなくてもカルチャーとして育ちません。

相手を傷つけないことや，相手の話を最後まで聞くことなど，できていなかったら叱ったり注意したりするのではなく（もちろん，程度によってそうした指導も否定しませんが），思い出すよう声をかけ，手本を見せる，できている姿を承認するなどの丁寧な指導が必要でしょう。

04 大事なことは民主的に（みんなで話し合って）決めよう

　自治的集団は，学級の問題に対して自分たちで話し合い，合意形成し，解決していく集団です。そのため，以下のようなカルチャーが必要です。大事なことは一部の人ではなく，みんなで決めるということが共通理解されています。また，全員が意見を言える雰囲気を大事にします。他者の意見を尊重し，傾聴する態度があります。そして，合意形成を大事にし，それを実現するためのスキルをもっています。しかし，それは決して，同調的なものではなく，言いたいことを言い合った上での合意です。

　そもそも話し合いとはなんのためにするのでしょうか。それは合意形成をするためのものです。合意とはみんな同じ意見になる必要はありません。落としどころを見つけることです。ここなら手を打とうという点を見つけるわけです。場合によって多数決をするときも必要でしょう。多数決を頭ごなしに否定する方もいますが，「話し合っても決まらないとき」は多数決をすることがあることを合意しておくのです。

　民主的な意思決定ができる集団になるためには，傾聴だけでなく，言いたいことは我慢せずに伝える，しかし，相手のことを傷付けないように自己主張しようなどの態度や，少数派や多数決をした場合，意見が採用されなかった人たちへの思いやりなど必要なカルチャーがあります。

05 自他のためになることを進んでやろう

　自治的集団では，自ら考え，行動する自主的な姿が奨励されます。自主性を重んじるということは，好き勝手にやっていいということではありません。その行動の結果に対する責任感をもつことが大切です。今の子どもたちは，「〇〇していいですか？」とすぐに聞きたがります。自分で考える習慣が育てられていないからです。家庭でも保護者の許可をとり，学校では教師の許可をとろうとします。今の若者たちが「０リスク志向」だと言われますが，それはもう学校教育段階で始まっているのです。だめだと言わなくてはならないときもあるでしょうが，互いの人権にかかわること以外は，そう多くは

第２章　フレームワークとビジョン　107

ないのではないでしょうか。子どもが判断を委ねてきたら，「あなたはどう思う？」と尋ね，もし，誤ったことをやろうとしていたら「それをしたらどうなると思う？」と尋ねてもいいでしょう。

「転ばぬ先」を突きすぎることはよくないことですが，学校教育の性格上，突かなくてはならないときもあるでしょう。そういうときは，「ダメ」「やめなさい」と言う前に，「あなたはどう思う？」「どうしたい？」と尋ねてみるのはいかがでしょうか。教師は，子どもが他者への貢献に資する行動を自分で決めて実行したら，それを喜ぶようなかかわり方をしていくといいでしょう。いずれにせよ，現在の教育環境では自主性は放っておいたら育たないと心得ていていいでしょう。教師には子どもの発意・発想を尊重し，自発的な行動や活動を促進することが求められています。

06 物事には多様な見方・考え方がある

自治的集団を動かしている中枢のエンジンは，民主的な話し合いです。民主的な話し合いが起こるためには，批判的思考のカルチャーが大事です。批判的思考とは，否定的に物事を見るのではなく，多面的な見方をすることです。いろんな考え，いろんな見方があるからこそ豊かな話し合いが成立します。多様性を尊重することで，より創造的な解決策を生み出すことができます。物事の，見方・考え方は1つではなく，多様な見方・考え方があることが共通理解されると，見方・考え方は人それぞれであることが理解され，多様性理解の態度につながることでしょう。

それが実現するためには，普段から異なる意見や個性を認め合い，互いのよさや可能性を発揮できる雰囲気づくりが重要です。

07 物事の肯定的な側面，他者の長所を見よう

多くのクラスでは，他者のよさに注目することを大事にすることが教えられ，そのような場が設定されていることでしょう。それはとても素敵なことですが，一方で，06 のような多面的な見方や多様性理解への志向が前提と

なっていないと，他者に対する見方が偏ってしまうことがあります。

　思いやりある行動をする子がいると，周りの子から「優しい」「思いやりがあるね」と言われることがあるでしょう。それは肯定的評価となる可能性は勿論ありますが，そればかりだとそうした自分を演じなくてはならないと感じてしまう子もいるかもしれません。

　普段から互いの失敗や短所を受け入れ合い，人には長所も短所もあるからこそ，人の長所を見つけ，そこに注目することの大切さを共有したいものです。また，教室では，しばしば発言力のある子や学業成績の良い子の言い分が，そのまま受け入れられてしまうことがあります。そうした思考停止状態は，クラス内に上下関係をつくったり，物事に対する固定的な見方を助長したりしてしまうことでしょう。

　物事には全て長所，短所があり，それらを検討することで最適解を見出すカルチャーを共有することが，互いのフラットな関係性や柔軟な思考に基づく話し合いを促すことでしょう。

08　全員が話そう

　多様性が尊重されるためには，ある程度のコミュニケーションの量が必要となります。お互いに黙っていたら，多様性尊重のカルチャーは育ちません。よくしゃべるクラスが，コミュニケーションが豊かかというとそうとは限りません。どれくらいのメンバーがどれくらいの人としゃべっているかということにも注目したいものです。コミュニケーションする相手が偏ると思い込みや誤解を生むからです。思い込みや誤解は，時には，排除を生む可能性があります。普段からのざっくばらんなおしゃべりの量を増やしておくと効果的です。発話量の均等性は対等性の基盤です。そのためには，まず，パスをしてもいいから順番に話すなどの発言が一部の子どもに偏らない工夫が大切です。

第2章　フレームワークとビジョン　109

⑨ 困っている人がいたら助けよう，困ったことがあったら助けを求めよう

　自治的集団は，集団で問題解決ができる集団です。問題とは誰かの困り感が生じている場合に起こります。普段から，誰かの「困った」「援助要請」に対する感度を高めておきます。クラスのあたたかさを生み出す要因は多々想定されますが，その主たるものに思いやりのある発言や行動が挙げられるのではないでしょうか。思いやりのある言動のある空間は必然的にあたたかくなることでしょう。小さな思いやり，さりげない思いやりが見られる空間で，ホスピタリティは起こってくるものと思われます。困っている人がいたら，「何かできることある？」と尋ねたり，支援行動を躊躇なくしたりするようなカルチャーを育てたいものです。

　仲のいい人への支援や援助なら誰でもできるのです。あたたかなクラスとは，普段一緒にいない人や親友でなくても，それができるクラスのことを言うのではないでしょうか。自治的集団は，支援対象が広いというカルチャーをもっています。

⑩ 互いに関心をもち，互いの成長を願い，力を合わせて協力しよう

　自治的集団は，合意形成に基づく問題解決をしたり，合意形成に基づく協力的活動をしたりする集団です。互いが互いのためにいつでも貢献できるという協力志向のカルチャーをもつ集団です。この理念をとてもうまく言語化している学習理念に協同学習があります。協同学習を研究する杉江（2011）は，協同学習とは，「学級のメンバー全員のさらなる成長を追求することが大事なことだと，全員が心から思って学習すること」だと言います[55]。

　学級活動の話し合い活動で「議題が出ない」クラスがあります。問題が起こらず穏やかな日常のクラスだからということもあるでしょうが，子ども同士が互いに関心をもち，クラスの成長やさらなるよい状態を願っているならば，改善，向上のために問題発見がなされ，議題が出てくるのではないでしょうか。議題が出ないクラスは，ひょっとしたら，互いに対する関心が薄く，クラスの状態にあまり興味がないのかもしれません。互いに関心をもってい

図22　自治的集団の学級カルチャーの例

るから，誰かの痛みに気づいたり，クラスの問題を発見したりするのではないでしょうか。

　学級カルチャーは，共有された価値観とも言えます。そのクラスで教育活動をしていると，一人一人の態度や行動のあちこちから染み出してくるものです。一人で行動しようが，全員で活動しようが大事にされるものはいつも大事にされることでしょう。また，それが教科学習の時間でも，休憩時間でも子どもたちの判断や行動の規準や基準となることでしょう。

　これらは目には見えませんが，自然にクラスを包み込むようにして，子どもたちの考え方や行動に影響を及ぼします。しかし，自然にあるものだからといって自然に発生するものでもありません。まず，最初に教師が信念としてそれが大事にしようと決意すること，そして，事あるごとに，子どもたちに語り，適切な発言から行動を見つけ承認しながら彼らの活動を，そうした方向に意味づけていくことの連続によって共有されていくものです。

第2章　フレームワークとビジョン　111

19 合意形成の教室

　今，見てきたように自治的集団は，相互尊敬，相互信頼などの良質な関係に基づく学級カルチャーをリソースにして，問題解決を主体的に行うことができる集団です。その問題解決において合意形成能力は中心的な営みになりますが，それを可能にしているのが教室内の原象徴的三角形の関係性であると指摘できます。では，ここで問題解決と共視のかかわりについて見ておきましょう。問題解決の過程において以下のように共視が起こると考えられます。

01　問題の発見と共有において

　まず，誰かがクラスの問題を発見すると，子どもたちは，共視が可能な状態なのでその問題に対する認識が多くのメンバーに共有されます。

　例えば，教室内でのごみの散乱が目立つようになった場合，子どもたちの一部が，「教室が汚れている」「きれいな教室で過ごしたい」などと「問題」として共通認識することでしょう。

02　問題の分析と目標設定において

　次に，問題の原因や影響について分析し，解決すべき目標を設定します。例えば，教室のごみが目立つ原因として「教室でごみを落とす人がいる」「ごみに気づいても拾う人が少ない」などの要因が挙げられ，「清潔で快適な教室環境の実現」という目標が設定されることでしょう。良好な関係性のクラスでは，問題意識が共有されやすく，目標が設定された場合，目標の共有も円滑に促されます。

　関係性が希薄だと，クラスへの所属意識が薄く，クラスをよくしようという意識も弱いため，こうした問題の共有も目標設定もされにくい状況になります。

03 解決策の提案と選択において

　良好な関係のクラスでは，意見が言いやすい状態になっており，話し合いの際，様々な解決策が提案されます。傷つけられる可能性が低いので，賛成意見や反対意見などが様々な角度から出され，問題解決のためにより効果的な意見が多数出されます。

　意見が多く出されると，合意が難しいと思われるかもしれませんが，目標の共有がなされているので，意外と混乱は少ないようです。子どもたちが，誰の意見が優れているかといった競争志向ではなく，どの意見が有効かという問題解決志向で判断をするからです。良質な関係性は，忖度や気づかいをあまり生じさせないので，子どもたちを問題解決に集中させます。

　良質な関係性があると，なぜ合意形成がしやすくなるかは，先述したハイダーの均衡理論を思い出してください。子ども同士が信頼し合っていると，合意が起こりやすくなります。信頼関係は，対等性に基づきますから，忖度したり，誰かに気を遣ったりして消極的に合意するのではなく，自分の意識で積極的に合意をします。ただ，合意をしているから良質な関係性があるとは誤解しない方がいいでしょう。

　意見が分かれる場合でも，競争志向ではないので折衷案を考案するなどして，巧みに利害調整することでしょう。対立しても，問題は解決しないことがわかっているからです。先ほどのごみ問題では「ごみ箱を増やす」「分別ポスターを作成する」「清掃当番を増やす」「自分が落としたごみでなくても拾う」などの案が出されるかもしれません。そのとき，AかBかのような，どれか一つを選ぶというよりも，解決するために意見を組み合わせるようなことが起こるでしょう。例えば，「ポスターを貼り，かつ自分が落としたごみでなくても拾う」といった内容に合意するかもしれません（図23）。

第2章　フレームワークとビジョン　113

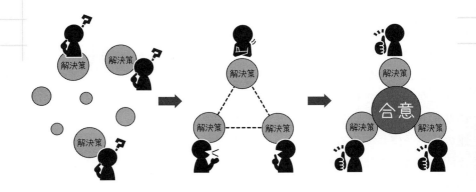

図23　合意形成と子どものかかわり

04 実行と評価において

　問題解決では，選択された解決策を実行し，その効果を評価することが大事です。決めっぱなしでは，解決に結びつかないことが多いからです。決めたら，解決策を実行し，それを評価することが問題解決を現実化します。

　ここでも，共視の関係が問題解決を促進します。問題解決を共有しているとき，当然，協力的に問題解決への行動がとられます。ポスターが有志によって作成され，ごみを拾う行動が増えることでしょう。問題意識を共有しているからこそ，問題解決に向かった協力的行動が起こりやすくなり，そして，共に多くのメンバーが活動にコミットしているからこそ，活動の評価も適正なものになります。評価が適当になされれば，問題解決もいい加減なものになります。評価が適正なものであれば，問題解決により近づくことでしょう。

05 学びと定着において

　最後に，問題解決の体験は，子どもたちに様々な教訓をもたらし，規範意識などを醸成するなどして学級カルチャーの形成に寄与します。「為すこと

によって学ぶ」という言葉がありますが，学級の生活上の諸問題の解決は子どもにとって良質な経験学習の機会となります。

経験学習とは，コルブが提唱した学習のモデルで，

① 「具体的経験」をした後，
② その内容を「内省し（振り返り）」
③ そこから「教訓」を引き出して
④ その教訓を「新しい状況に適用すること」（松尾，2011）[56]

のプロセスを経ます。個人の能力開発だけでなく，組織全体の生産性向上や成長にも寄与する可能性が指摘されています。

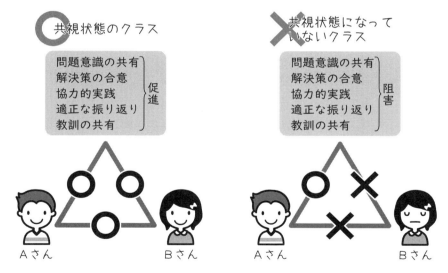

図24　共視と自治的集団の構造

例に挙げた，教室のごみ問題を解決することを通して，子どもたちは，それまで教室の環境整備に無頓着だったことに気づき，教室環境を整える意識

第2章　フレームワークとビジョン　115

を高めることでしょう。また，問題が起ったとしても，協力すれば解決することができることに気づき，そうした事実をもとに学級生活に対する自信を形成するかもしれません。問題解決によって得た教訓は，学級カルチャーを形成し，それがクラスの質的向上につながっていくことが期待されます。

　集団における活動の教育効果は，誰かの気づきや学習成果が共有されることによって起こります。つまり，クラスにおける原象徴的三角形の成立は，学習成果の共有を促進し，集団における学習効果を高める役割をすると考えられます。

　「深い学び」を表現するときに，「それぞれの学びがもち寄られて概念形成がなされる」とか，「様々な意見が出されて，新しい考えが創出される」などの記述を目にすることがあります。そのときに忘れてはいけないことは，その学びをもち寄るのは誰なのか，そして，意見を出すのは誰かということです。

　他ならぬ子どもたちです。「深い学びの教室の構造」でも述べましたが，教材への没頭や知識創造，概念形成等の深い学びが起こるためには，教師と子ども，子ども同士の信頼関係が必要なのです。

　また，ここまで自治的集団の構造について考察してきましたが，問題，目標，議題の共有，そして合意形成，教訓の共有などが起こるためには，やはり教師と子ども，子ども同士の信頼関係が必要なのです（図24）。

　つまり，深い学びが起こる教室も，自治的集団も基本構造は同じなのです。深い学びが起こる教室は，合意形成や協力的行動が日常的になされている自治的集団となっていることでしょう。また，自治的集団が，学習活動において課題解決を行えば，それは深い学びを実現することでしょう。本書58ページの図8で示したように，授業づくりの質を高めていけば，主体的・対話的で深い学びになっていくだろうし，学級づくりの質を高めていけば，自治的集団になっていくのです。

20 自治的集団への懸念

　授業づくりと学級づくりの両者の関係は不可分です。管理的なまた，管理的でなくとも教師主導のクラスで，主体的・対話的で深い学びは実現しないことでしょう。一方で，講義調の一斉指導を繰り返していて，自治的集団に育つことも難しいでしょう。そもそも一体となった営みを分けようとしていたこれまでの議論に無理があるのです。

　自治的集団の育成が，学習指導要領からの要請であり，また，子どもたちの学校に行く意味の創造に資すると言われても，やはり自治的集団に違和感や不安をもつ方はおられるのではないでしょうか。

　私も元学級担任の端くれとして，その気持ちはよくわかります。子どもたちに任せる必要のないと思われることは多々あります。教師が手を出してしまえば，効率的に片付く問題や事柄の方が多いのかもしれません。

　自治的集団を志向する先生方の中では，そうした懸念や不安をもつ方は少ないですが，校内研修にかかわらせていただく場合は，自治的集団の意味を伝え，具体的方法論を伝えても，やはり前向きになれない方々がいるのが事実です。

　これまでそうした多くの先生方と対話をさせていただきました。そんな先生方から，自治的集団の育成に関して指摘された違和感や心配を書き出してみたいと思います。

　まず，**教師の役割や権威の低下への懸念**です。自治的集団では教師の直接的な指導を減らし，子どもたちの自主性に任せる部分が増えるため，子どもたちに学級生活の決定権を委ねたら，教師の役割や権威が低下するのではないかという不安があります。

第2章　フレームワークとビジョン　117

また，**管理や秩序の維持への不安**があるのではないでしょうか。子どもたちに任せすぎると，学級の秩序が乱れたり，問題行動が増えたりするのではないかと心配になることがあるでしょう。

　指導のイメージがもてないとか，そんな集団を育てる自信がないという場合もあるでしょう。恐らく教師自身が過去に過ごした教室が，どちらかというと教師主導で，自治的集団を経験したことがなく，その育成方法や効果に自信がもてないこともあるでしょう。

　時間と労力の負担もあるのではないでしょうか。自治的集団の育成の具体的指導方法はわからなくても，そう楽ではないことは想像がつきます。時間と労力がかかると思ってしまい，ただでさえ日常業務をこなすことでいっぱいの教師にとって負担を感じることは想像に難くありません。

　また，**従来の指導観との矛盾**を感じる方もいることでしょう。新採用から自治的集団を志向し，指導する教師は極めてまれでしょう。そもそも自治的集団という言葉すら知らない場合があります。多くの教師は，教師主導から始めるわけです。それでうまくいけば，わざわざ指導スタイルを変えることもないわけです。教師主導の指導に慣れていて，それに効果を感じている場合は，子どもたちの自主性を重視する自治的集団の考え方と矛盾を感じてしまうのではないでしょうか。

　さらに，何がどうなったら自治的集団なのかという**評価や成果の不明確さ**の問題もあるでしょう。自治的集団を育てたことがない場合は特にそうです。何をもって，自治的集団と呼ぶのか，実に曖昧です。自治的集団を育てたいと思っている教師も，自分のクラスがそうなっているのかどうか自信のない場合は少なくないのではないでしょうか。

　まだほかにもたくさんの懸念があることでしょう。しかし，本書をお読みになっているみなさんは，これまでのご自分の学級経営の在り方に何らかの疑問を感じ，「これでいいのかな」と思っていることも事実ではないでしょ

うか。できることなら，もっと子どもたちが主体的に活動するクラスになってほしいと思っているのではないでしょうか。

　もし，このまま同じことをしていたら結果は変わりません。**結果を変えたいなら，今やっていることの何かを変えなくてはなりません。**変化を生み出す切り口はいくつかあります。

01　子どもの立場からクラスを見つめてみる

　自治的集団の意義と効果の理解をすれば，自治的集団を志向する意味がわかります。意味理解は，動機づけにとても効果的です。人は，意味のわからないことはしたくないのです。しかし，意味がわかるとやってみようと思えることでしょう。

　自治的集団は目指すことの意味は，ここまで述べた通りです。子どもたちの自主性，社会性，問題解決能力の向上につながります。自治的集団で過ごす子どもたちの日々は，問題が起こらないわけではありません。むしろ逆です。いつも何かが起こっています。しかし，その度にコミュニケーションを重ね，解決策を模索し，最適解を見つけ出します。問題の起こらない人生など存在するのでしょうか。子どもの頃の問題解決の体験は，彼らに現実社会を生きる知恵を授けることでしょう。

　悩みを解決する場所があるかないか，思いがけない思いやりに遭遇できるかできないか，もしも自分が子どもだったらどんなクラスにいたいか，そんな視点で理想のクラスを描いてみたら，これまでの学級経営観と少し異なった答えになるかもしれません。

02　教師のリーダーシップの変換

　直接的な指導者から，子どもたちの自主的な活動を支援するファシリテーションや場づくりのコーディネーションなどリーダーシップを変えてみることで子どもの動きが変わってくるかもしれません。教師主導を続けていたら，子どもたちの自治的な姿は永遠に見られないことははっきりしています。

第2章　フレームワークとビジョン　119

具体的にイメージしにくいときは,「〜しましょう」「〜しなさい」と指示をしていた指導言を「〜してくれない？」「〜してみない？」とお願いしたり誘ったりする言葉にしてみたらどうでしょう。子どもとの関係性も変化します。

03 段階的な実践と成功体験

協同学習やクラス会議など,なんでもいいと思います。子どもに活動を委ね,任せる具体的な手法を導入し,試してみてはいかがでしょうか。それでも心配だったら,まずはペアでの活動や,4人程度のグループ活動を短い時間やってみて,子どもたちの動きを見てみるのはいかがでしょうか。小さな成功体験を積み重ねることで,教師自身の自信がつきます。

「教師の役割や権威の低下」「管理や秩序の維持への不安」「指導のイメージがもてない」「時間と労力の負担」「従来の指導観との矛盾」「評価や成果の不明確さ」といった懸念ですが,ここまで読んでいただければ,これらのいくつか解消しているかもしれません。

まず,「教師の役割や権威の低下」「管理や秩序の維持への不安」は,先述した通り,自治的集団の育成の基盤は,教師への信頼です。教師の指導力は権威に頼らなくていいのです。信頼が影響力という指導力を付与してくれます。だから,子どもたちは,建設的に意見を言いますが,教師に反抗するわけではありません。

また,自治的集団は秩序によって成り立ちます。自治的集団を形成することによって,自らルールを守る子どもたちに育ちます。「時間と労力の負担」については,子どもたちが自律すれば,むしろ教師の負担は減ります。一年間口出しを続けるか,それとも必要なときにしっかり指導してあとは口出しをしなくいいようにするか,みなさんの指導のビジョンをどう描くかの問題です。

「評価や成果の不明確さ」は，「自治的集団の構成要素」のところをご覧いただければある程度イメージできるかと思います。

○　学級のルールが内在化している状態

　　→教師が声かけや注意をしなくても，学級のルールが守られているか？

○　一定の規則正しい全体生活や行動できる状態

　　→時間を守ることや整理整頓や，生活や学習の手順が守られているか？

○　温和な雰囲気のある状態

　　→子どもたちは，相手を思いやる言葉や態度でかかわり合い，認め合っているか？

○　全ての子どもがリーダーシップをとり得る状態

　　→リーダーが偏らず，場面によって交代しているか？

○　学級の問題は自分達で解決できる状態

　　→生活上の諸問題やメンバーの相談事を話し合って解決することができるか？

○　子どもたちは自他のために協力できる状態

　　→子どもたちは，遠慮なく助けを求め，躊躇なく助け合いをしているか？

　自治的集団のイメージ（○）から，（→）のように読者のみなさんらしい言い方にして設定していただければ，評価規準の例になるかと思います。また，「従来の指導観との矛盾」については，第3章をお読みになると大体イメージできるかもしれませんが，実は本質的なことはそう変わらないのです。

21 教師主導集団と自治的集団

　教師主導のクラスと自治的集団の指導原理に，大きな矛盾はないとはどういうことなのでしょうか。

　クラスが，秩序を基盤として成り立っているということはここまでに何回か言ったと思います。これは，教師主導のクラスも，自治的集団も変わらない共通の構造なのです。したがって，教師主導でも秩序が確立していないと荒れてしまいます。自治的集団を志向するときに，無秩序になるのが心配との声を聞きますが，それは自治的集団を理解してないときに起こる心配と言えます。両者とも集団である以上，秩序が成立の基礎です。

　教師主導集団と自治的集団の構造は，秩序が成立の基礎であることは同じですが，何が異なっているかと言うとその指導のプロセスです。教師主導集団では，教師がルールを直接子どもに指導します。「休み時間の過ごし方」「話の聞き方」「話し合い方」「掃除の仕方」などなどその指導は学校生活の隅々に至るまで教えることもあるでしょう。

　しかし，自治的集団では，「休み時間の過ごし方」や「掃除の仕方」など教師が子どもたちに委ねたいと判断したものについては子どもたちの話し合いに委ねます。その際に，ルールを支配する上位のルールを子どもたちに指導します。「大事なことはみんなで決めましょう」とか「みんなで決めたことはみんなで守りましょう」といった，こうした上位のルールを「メタルール」と言います。

　教師主導集団は，教師がルールを決めて指導する役割上，どうしても子どもと上下関係，つまり縦の関係をつくらざるを得なくなります。ルールを教師が決める，それを教える，守らせるということを教師が一人でやります。だから，とても効率的に見えます。教師が内容や指導法をコントロールして

いるのでこうした指導法に慣れると，自治的集団の指導法は不確定要素が大きく，不安になることはわかります。

　一方で，自治的集団の場合，教師は「休み時間の過ごし方のルールを自分たちで決めてみよう」などと投げかけるわけですから，教師の立ち位置は，子どもと水平な関係になります。しかし，その前提として，「自分たちのことは自分たちで決めよう」というメタルールを設定しているわけですので，実は，上下関係に立つことから始めているわけです。つまり，自治的集団の教師は，必要に応じてパートタイムで上下関係をつくり，そして，状況によって，水平関係に降りてくることを意図的にやっているわけです（図25）。子どもたちの自律性が高まるにつれて，水平関係の時間の比率を多くしていると考えられます。

　こうした「ひと手間」があるので，指導に時間がかかる，難しいと捉えられるのかもしれません。しかし，そうした流れは習慣化する可能性が高いので，やがて子どもたちは自走し始めます。非効率的かと言ったら必ずしもそうとは言えないのではないでしょうか。

図25　指導スタイルとルールのかかわり

22 同調圧力を越えて

　自治的集団への懸念として，先ほどいくつかの懸念を示しましたが，それ以上に自治的集団育成のブレーキとなっているのは，自治や集団という言葉の古臭さや堅苦しさがあり，今の先生方の言語感覚や生活感覚にフィットしていないように思います。

　本書では，先行研究，先行実践など，先人の足跡に敬意を示すと共に，それに代わる適切な言葉が見つかっていないなどの理由で，自治的集団という言葉を使用していますが，これから多くの先生方の心を掴むような適切な言葉が見つかるといいなと思っています。

　ただ，先述した，
○　学級のルールが内在化している状態
○　一定の規則正しい全体生活や行動できる状態
○　温和な雰囲気のある状態
○　全ての子どもがリーダーシップをとり得る状態
○　学級の問題は自分達で解決できる状態
○　子どもたちは自他のために協力できる状態
という自治的集団の構成要素に関しては，みなさんの理想として描いても大きな違和感は生じないのではないでしょうか。これらの構成要素からは，伝統的に求められてきた安定性に加え，主体的（活動的）でインクルーシブな子どもたちの姿が見えるように思います。

　白松（前掲）は，自治的集団という言葉を使用せず，「コミュニティ」という概念を用いています[57]。白松（前掲）は，「同調圧力の強い集団をつくることではなく，自分なりの参加の仕方が許容され，一人一人がゆるやかにつながる（参加や同調を過度に強いられない）関係性」を意図して，「コミ

ュニティ」という言葉を使用しています[58]。日本の学級集団を考えるときに，常々，問題視されるのが同調圧力の問題です。学校教育においては，人間関係について系統的に学ぶことが少なく，経験則で学ばれるのが一般的ではないでしょうか。

　故に，「仲がいい」か「仲が悪い」か，または「無関係」か，などと極端な関係性のイメージしかもっていない場合があり，なかなか「ゆるい関係」がつくりにくいのではないでしょうか。だから身内にはとても優しいがそれ以外に冷淡にふるまう人たちが一定数いて，ギスギスした社会をつくっているように思います。

　一方で，身内になった人たちが幸せかというと決してそうではなく，内側にいても，強い上下関係や過度な干渉があって居心地が悪く気を遣いながら，その集団に所属せざるを得なくなっている人もいます。一人ぼっちにならないことと引き換えに自由を失っている状態です。孤独か不自由か，こうした定型化され，単純化された人間関係の在り方が，今の日本の生きづらさの一端になっているのではないでしょうか。このような人間関係は，学校段階から始まっているように思います。

　人間関係の在り方に対して，白松（前掲）の「教育活動で育むべきことは，「人間関係を形成する力」（コンピテンシー）であって，「友達」や「仲間」といった人間関係の構築そのものではない」，また「学級で必要な人間関係とは，全員と友達や仲間になることではない」，そして「「好き・嫌い」を超えて，共に協働し，課題解決をする関係」，「他者の価値を尊重し，それぞれの短所や失敗を許容する関係」という主張は，これからの学級経営における関係性に対して重要な示唆を与えてくれていると思います[59]。

　白松はさらに学級経営のビジョンについて，重要な指摘をしています。「成熟したコミュニティ形成（自治活動）が，学級経営の出発点であり，過程であり，最終的なゴールである」（白松，前掲）[60]。本書では，より効果的

第2章　フレームワークとビジョン　125

な学級経営戦略として，バックキャスト思考で学級経営を構想することを主張し，そして，ゴールビジョンがその実現の要だと言ってきました。この白松の指摘も，そこに通じるものがあるのではないでしょうか。自治的集団の育成は，ゴールであり，そこを狙って始める営みであり，その営みは自治的集団の育成そのものだと言えるでしょう。

　自治的集団という理想はありますが，どこかに完成された自治的集団というものなどはなく，それを目指しながらよりよい姿を子どもたちと，ああでもないこうでもないと試行錯誤しながら日々を営んでいくことが，自治的集団と呼ばれるものなのではないでしょうか。つまり，自治的集団とは，形の決まった固定的な集団ではなく，常に形を変える流動的な集団なのです。
　自治的集団の営みの姿を白松の記述からうかがい知ることができます。

　「児童生徒と信頼関係をつないでいる先生の学級の特徴的なものは，自分たちで学級の文化を創造する自由度があり，同時に集団への同調が強要されない自由度（一人でいることも許される関係性）があることだった。」
　「学級での「合意形成」を大切にして，どういう目的で目標をもって「何」に取り組むか。その取り組みに対して，自分自身はどのようなことに取り組むのか。それをお互いに理解し，尊重できるか。こういった活動を通じて，「文化」を創造しながら，「コミュニティ」として成熟していく。」（白松，前掲）[61]

　恐らくクラスをよりよく育てようとしている教師なら，この記述を見ると，指導のイメージが湧くことでしょう。
　子どもと共にクラスをつくりたい教師は，学級目標を子どもたちの合意に基づいて決めることでしょう。そして，それを決めっぱなしにしないで，実現するためのアクションを子どもたちと決めることでしょう。アクションを決めるときに，それが一致したメンバーはグループを形成しますが，誰とも

126

意見が一致しなかった子もいることでしょう。ゆるいつながりが志向されているクラスでは，1人での取り組みも承認されます。もちろん，その子が，自分の意見を変えて，他の取り組みをしたいと言った場合は，それも承認されます。

　みんなで決めた学級目標にどうアプローチするかは子どもたちがそれぞれのアイディアを出して決めます。そしてそれぞれのアイディアを互いに認め合い，それが尊重されます。みんなで承認した活動に選ばれた子が取り組むのでなく，自分で出したアイディアを自分で実行すると決め，その決定をみんなで尊重するのです。
　小学校における会社活動などはわかりやすい例だと思います。「学級目標に貢献する」ならば，「学校のルールの中で何をやってもいい」というルールの下で子どもたちは活動を考えます。「お笑い会社」「イベント会社」「イラスト会社」，いろいろと考案することでしょう。1人がいくつに取り組んでもいいし，場合によっては気がのらなかったらやらなくてもいいわけです。

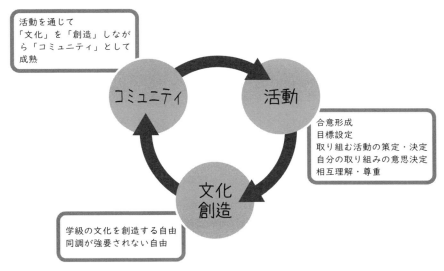

図26　コミュニティづくりのプロセス（白松，2017をもとに筆者作成）

いわゆる「不参加の自由」です。会社活動でなくても，自分なりの貢献方法を見つけてもらえばいいわけです。

　こうした活動をただ実施すればコミュニティとして成長していくわけではありません。活動を仕掛けるだけでなく，それぞれに得意不得意があること，クラスへの思いは様々であること，そして，貢献の仕方には多様な方法があることなど，時には子どもたちに価値を示し，それを体現している子どもたちを承認するなどして，学級カルチャーの育成のための働きかけを随時する必要があります。

　図26は，白松の記述に従って，コミュニティづくりのプロセスを図示したものです。コミュニティは，文化を創造しながら，さらに高次なものに進化していくわけです。したがって，完成形ではなく，白松が言うように，それが学級経営のスタートであり，ゴールであり，プロセスなのです。完璧な健康体，完璧な幸せなどがないように，それに向かって歩み続けることが，健康であり幸せの本体なのではないでしょうか。自治的集団の育成も同様だと思われます。

　こうしてよりよいコミュニティをつくるための活動をすることを通して，良質な学級カルチャーをつくり上げていく経験の積み重ねこそが，自治的集団の育成であり，学級経営と呼ばれる営みなのではないでしょうか。学級経営における批判として，同調圧力の存在は常に指摘されるところですが，本来の在り方から言えば，クラスは，同調圧力のような外的な力によって形を維持するものでなく，子どもたちの合意に基づく活動によって，結果的にまとまりやつながりがもたらされるものなのではないでしょうか。

23 子どもの幸せと学級経営

　学級経営は，子どもたちの健やかな成長というよりも，クラスの落ち着きやまとまりといった視点で，教室の管理から語られがちです。中学校を舞台とした校内暴力や小学校を舞台とした学級崩壊という残念な歴史から，そうした側面に注目が集まるのは心情的に理解できます。また，経営や集団といった言葉に対する一部の方々の感情的な反応も，かつての集団主義教育に対する批判がその根底にあると考えると納得できます。

　これらの学級経営に対する批判は，的を射ているように感じないこともないですが，子どもの視点から見たときに，経営や集団は必要ないのでしょうか。授業づくりについては，「子ども中心」とか「子ども主語」といった方向性で改善が語られる一方で，学級経営に関しては，「子ども中心」「子ども主語」と言うと，管理と放任の間で，バランスのいい議論にならないのが残念なところです。学級経営をするということは，子どもにとってどんな意味があるのかをもっと真剣に考えてもいいように思います。

　図27のグラフをご覧ください。リクルート（2020a）が，日本・アメリカ・フランス・デンマーク・中国で働く約2500名を対象に，交流のある人間関係や個人と企業の交換関係について調査した結果です[62]。グラフは，問いに対して「非常にそう思う」「そう思う」を「幸せ」とし，「どちらとも思わない」「そう思わない」「全くそう思わない」を「幸せではない」としてまとめて集計し直したものです。

　このグラフから，日本の幸福感が独特であることがわかります。また，リクルート（2020b）の調査では，「つながりの度合い別」に幸福感を調べています（図28）[63]。これを見ると，人とのつながりが多いほど，幸福感を感じている人たちの割合が増えています。人のつながりが，幸福感と強い関係があることがわかります。

第2章　フレームワークとビジョン　129

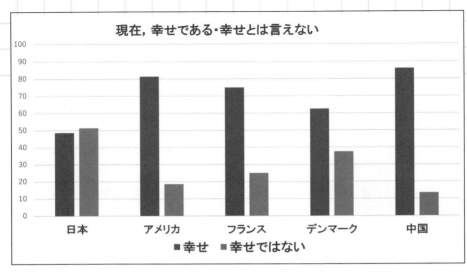

図27　現在幸せである・幸せとは言えない

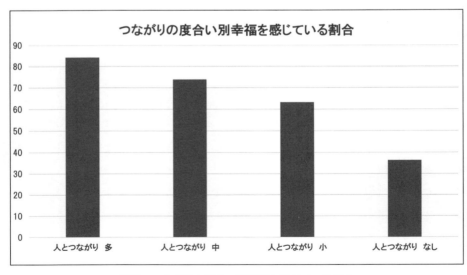

図28　つながりの度合い別幸福を感じている割合

自治的集団は，信頼関係を基盤としたクラスです。自治的集団を実現するということは，教師も含めて，クラス内のメンバーが信頼でつながることを意味します。ということは，クラス内に信頼関係がなかったら，クラスがまとまっていたとしても，それは自治的集団として重要な部分が欠落していると言わざるを得ません。

　人とのつながりが人の幸福感と影響し合っているとしたならば，自治的集団に所属するということは，幸福感が高い状態であることが期待できます。子ども同士のつながりは，子どもにとってどんな意味があるのでしょうか。江村・大久保（2012）は，小学生用の学級適応感尺度を作成しました[64]。これは，子どもがどれくらい自分のクラスに適応しているかを測定することができます。子どもたちの問題行動は，クラスへの適応状態と関連しています。以下に示すものは，江村・大久保が作成した学級適応感尺度の質問項目です。

【居心地の良さの感覚】
・このクラスにいると落ち着く。
・このクラスにいると安心する。
・このクラスにいると気持ちが楽になる。
・このクラスにいると楽しい。
・このクラスにいるときは幸せである。

図29　居心地の良さの感覚（江村・大久保，2012に基づき筆者作成）

【被信頼・受容感】
- このクラスでは先生や友だちから頼られている。
- このクラスでは先生や友だちから認められている。
- このクラスでは先生や友だちの役に立っていると思う。
- このクラスでは先生や友だちから好かれていると思う。

図30　被信頼感・受容感（江村・大久保，2012に基づき筆者作成）

【充実感】
- このクラスにいると何かができてうれしいと思うことがある。
- このクラスでは自分の目標に向かって頑張ることができる。
- このクラスには夢中になれることがある。
- このクラスにいると頑張ろうという気持ちになる。
- このクラスにはほめてくれる人がいる。
- このクラスにいると何かをやっていて時間を忘れてしまうことがある。

図31　充実感（江村・大久保，2012に基づき筆者作成）

　この質問項目は，「居心地の良さの感覚」「被信頼・受容感」「充実感」の3つの下位カテゴリーに分類されます（江村・大久保，前掲）[65]。
　「居心地の良さの感覚」とは，所属する学級において落ち着いている感覚や，安心感，居心地が良い感覚を表し，「被信頼・受容感」は，所属しているクラスにおいて教師や友人から信頼されたり受容されたりしている感覚，「充実感」は，所属するクラスにおいて課題や目的があることやそれを達成できたときの充実している感覚を表します（江村・大久保，前掲）[66]。

それぞれの項目は図29〜31のようになります。

江村・大久保はこの研究で，学級の特徴別に適応感を学校生活の要因との関連も調べています。学級状態によって3要因の学級適応感への影響は変化しますが，クラスがどのような状態でも「教師との関係」「友人との関係」はクラスへの適応感と正の関連を示していました（江村・大久保，前掲）[67]。つまり，**クラスの状態がどのような状態であろうとも，クラス内の人間関係が良好である場合，クラスへの適応も良好であったこと**がわかりました。教師との関係は，発達段階によって学級適応への影響力が異なりますが，江村・大久保（前掲）は友人関係が，クラスの状態や発達段階に影響を受けずにクラスへの適応感とかかわっていることを指摘しています[68]。

適応感即ち幸福感というわけではありませんが，**友人との良好な関係は，子どもたちの「今ここ」の円滑な学級生活にかかわっている重要な要因**であることが指摘できます。これまでの考察に基づき，子どもたちが自治的集団に所属するメリットを挙げてみましょう。

01 自主性と責任感の育成

学級目標を自分たちで設定し，それを達成するために意志決定をし，アクションを起こし，自分たちでそれを評価します。それによって，自主性と責任感が養われます。

02 問題解決能力の向上

学級の生活上の問題を自分たちで話し合って解決します。先生に叱られたり注意されたりすることで，生活を正すのではなく，自分たちで話し合って修正します。また，生活をよりよくするためにも話し合います。私たちの日常生活は問題の連続です。問題解決の流れを知ることで問題解決能力を身に付け，これからの人生に備えることが可能となります。

第2章　フレームワークとビジョン　133

03 コミュニケーション能力の向上

　問題解決では，自分の考えを伝えたり，他者の意見を聞いたりする能力が，求められます。自分の意見をわかってもらうためには，相手の言い分をよく聞かなくてはならないこと，相手に思いを伝えるときには，それなりの作法があることを知ります。正しいことでも誤った言い方をすれば，誤りになることなどを知り，適切な自己主張能力が身に付きます。

04 民主的な態度の養成

　集団での意思決定プロセスを経験することで，民主的な態度を学びます。互いに対等であること，順番に発言することなど，合意によって意思決定することなど，民主主義を学ぶ絶好の機会となります。

05 社会性の発達

　集団の内部で協力し，折り合いをつけながら活動することで，社会性が育まれます。自治的集団では，コミュニケーションが頻繁に行われます。他者と良好な関係をつくらないと，協力的な活動はできないことに気づくでしょう。コミュニケーションや問題解決を通して，社会性が伸長します。

06 自己肯定感の向上

　集団に貢献する経験を通して，自己肯定感が高まります。誰かの役に立ったという経験が，自分へのポジティブな感情を高めます。また，集団での問題解決や協働は，共有体験となり，自分と同じ感覚の他者の存在を知り，自分の在り方を肯定できるようになります。

07 リーダーシップの育成

　教師主導集団であるより，自治的集団の方が，圧倒的に集団の中でリーダーシップを発揮する機会が得られます。しかし，私が重視しているのは，フォロワーの立場におけるリーダーシップです。リーダーを体験することで，

リーダーが何をしてほしいか学ぶことができます。リーダーでなくても，集団に貢献することを率先垂範したり，みんなが活動しやすいように場を整えたり，そうしたフォロワーの立場にいながら，適切な行動を積極的に実践する作法が身に付きます。

08 ルールの内在化

　集団で決めたルールを自主的に守る意識が育ちます。教師主導学級では，ルールが守られているようでいて，実は「先生の言うことを聞いている」状態であることがあります。誰か特定の人の言うことを聞いている段階では，本当の規範意識とは言えません。真の規範意識が育ちます。

09 帰属意識の獲得

　自治的な活動，集団への帰属意識が確保されます。子どもは将来的にはどこかに所属して生きていきます。このときに，集団や組織にコミットし，適切な所属意識をもつことで，周囲から認められ，自分の能力を伸ばす機会を得ます。認められないからいじけたり，他者を批判したり攻撃したりするのでなく，貢献することで自分の力で居場所をつくっていく体験の場になります。

10 社会参加への準備

　自治的集団での経験が，将来の社会参加や市民としての活動の基礎となります。所属集団に積極的に関与する体験は，積極的な生き方を育てることでしょう。日本の若者たちの投票率が低いのは，若者が少数派，投票しても無駄だと思っていることもあるでしょうが，何よりも，自分たちで周囲の状況を変えた経験が不足しているのではないでしょうか。自治的集団で過ごす時間は，社会に積極的にコミットする市民としての練習を積む時間となることでしょう。

近頃の教育はとにかく「子どもの将来」ばかりを見ているように思います。しかし，現在の幸せなくして，将来の幸せを見ることができるでしょうか。「今はとにかく我慢して，将来に備えなさい，そうしたらきっと幸せになれるから」。子どもたちはそんなメッセージを発信している学校に，「明日も行きたい」と思うでしょうか。

　「今ここ」の幸せをそれなりに感じるからこそ，「これから」の幸せや「明日」の幸せを見ることができるのではないでしょうか。現在，学校から子どもたちが逃げ出しているような状況が見られます。子どもたちに本気で振り向いてほしいのなら，「今ここ」の幸せをしっかりと味わえるような教育活動を展開したいものです。

第3章
アクションはフォアキャストで

1 現在と未来のギャップを洗い出す

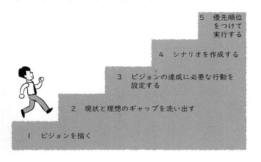

図5　バックキャスト思考のフレームワーク（再掲）

　ここまでお読みいただきながら，学級経営の理想を様々に描いてきたと思います。ここからは，具体的なアクションを構想します。バックキャスト思考のフレームワークを思い出してみてください（図5，再掲）。理想を描いたら，次は現状と理想のギャップの洗い出しをします。

　本書では，自治的集団のイメージとして，図32の右枠の中のようなクラスの姿を想定しました。そこからさらに，以下のような自治的集団の姿を細分化して示しました。それらに基づき，クラスが未発達の段階を想定し，自治的集団とのギャップを洗い出してみました。

　図32は，私が校内研修等で学級経営の戦略を説明するときに使用する「学級経営戦略図」です。理想と現実（現在地）を洗い出し，そのギャップを埋めるための具体的行為像を何段階かに分けて設定し，具体的な取り組みを考案します。例えば，お話を聞くことが苦手なクラスが，話を一定時間聞けるようにしたいとき，いきなり一単位時間，適切な態度で話を聞くことは難しいですから，第一段階は1分間教師の話を聞く，第二段階は，教師が合図したら話を聞こうとする，第三段階は，クラスメイトが話そうとしたら聞こうとする，などと設定し，スモールステップで目標を設定します。

　ここから導き出されるいくつかの視点で，ご自身のクラスの状態を振り返ってみるとよろしいかと思います。

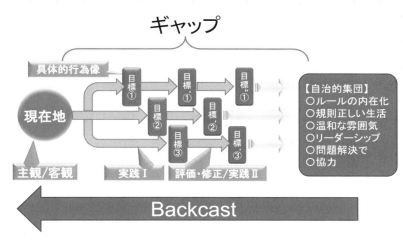

図32 学級経営戦略図

01 ルールの内在化

【理想】
・子どもが自主的に学級のルールをつくり，それを守る。
・ルール違反があった場合は，みんなで声を掛け合う関係性がある。

【ギャップ】
・教師が必要に応じてルールをつくっている。
・ルールの意義や重要性の理解が不十分で，ルール違反があった場合，教師が注意することが多い。

02 温和な雰囲気や支持的風土

【理想】
・発言者が多く，また，多様な意見が出る。
・誰かが失敗したときにそれを責めたり・からかったりする態度や言葉が出ない。
・誰かが失敗したときに，それを受容したり，フォローしたりする態度や言

第3章 アクションはフォアキャストで 139

葉が出る。

【ギャップ】

・発言が少なかったり，言いたいことが言えなかったりして失敗を恐れる雰囲気がある。

・他の失敗に対して，それを責めたりからかったりする態度や言葉が出る。

・誰かが失敗したときに，それを受容したり，フォローしたりする態度や言葉が出ない。

03 リーダーシップとフォロワーシップ

【理想】

・様々な子どもがリーダーシップを発揮する機会がある。

・フォロワーとしての役割が遂行され，リーダーへの応援や協力的な行動が見られる。

【ギャップ】

・特定の子どものみがリーダーになる傾向がある。

・フォロワーとしての適切な行動が理解されておらず，リーダーが孤立することがある。

04 コミュニケーションスキル

【理想】

・傾聴や相手の感情に配慮した自己主張の仕方ができ，建設的に対話ができる。

・多様な意見を受け入れ，新規性に対する歓迎ムードがある。

【ギャップ】

・傾聴や相手の感情に配慮した自己主張など，効果的なコミュニケーションスキルが不足している。

・特定の子どもの意見が優先される傾向がある。

05 意思決定と合意形成

【理想】

・少人数での話し合いで，誰もが同じくらいの量を話すことができ，全体での話し合いでは，発言量の少ないメンバーへの配慮がある。

・全員の納得で合意形成がなされ，合意が得られない場合でも少数派に対するフォローの条件が検討され，納得感が高くなる。

【ギャップ】

・少人数の話し合いでも，全体での話し合いでも，特定の子どものみが意見を発言する傾向がある。

・合意形成において納得感が薄い。少数派に対するフォローがなされず，不満を抱えるメンバーがいる。

06 問題解決能力

【理想】

・子ども同士でクラス等の問題を発見し，協力して自主的に解決できる。

・問題に対して，創造的な解決策を考案し，協力して実践できる。

【ギャップ】

・問題を見過ごしていたり，問題が起きても教師の介入を待つ傾向がある。

・問題に対する解決策が乏しく，解決するための行動を協力的に実行できない。

07 責任感及び主体性

【理想】

・子どもが，クラスにおける役割を自主的に担い，責任をもって遂行する。

・クラスの運営に積極的に参加しようとしている。

【ギャップ】

・与えられた役割のみを受動的に遂行する傾向がある。

・クラス運営への関心や参加度が低い。

08 自己管理能力

【理想】

・子どもが自分の学習や行動を自主的に管理できる。

・学校生活や学習の時間管理や目標設定を自ら行おうとしている。

【ギャップ】

・教師の意向や指示に依存する傾向がある。

・学校生活や学習の時間管理が他者に依存的で，目標設定に対して消極的である。

09 教師の役割

【理想】

・教師は必要に応じて適切なサポートをしながら，基本的には子どもの活動を見守っている。

【ギャップ】

・教師の介入の頻度が多く，子どもの自主性を阻害することがある。

10 関心

【理想】

・子どもたちの関心は，自身の利害のことよりも他者への貢献が強い。

・問題解決の矛先は，クラス内の問題だけではなく，クラス外のこと（学年，学校）にも向いている。

【ギャップ】

・子どもたちの関心が自分の利益やクラス内の人間関係のトラブルなどに向いている。

・問題解決の矛先が，クラスの向上にかかわることやクラス外の問題に向かうことが少ない。

　いかがでしょうか，未来と現実のギャップは少し見えたでしょうか。**ポイ**

ントは未来から，「今」を見てみることです。自治的集団の姿は，最初は解像度の低いぼやっとしたものしか見えないかもしれませんが，これは経験によってカバーされます。自治的集団に取り組む経験値が上がればそれだけ，はっきり見えてきます。

　今から理想を見つめると，「あれもできていない」，「これもできていない」と，クラスや子どもの欠点ばかりが目についてしまうかもしれません。そうすると子どもたちがもっている可能性を見過ごしてしまい，現状を低く見積もってしまうことがあるかもしれません。それが図33の破線の矢印です。低い見積もりから，そのようなマインドで，フォアキャストの取り組みを始めると，低いスタート地点から始めているので，よりレベルの低いゴールにしかたどり着かないのです。

　しかし，理想から「今」を見るときに，「ないものねだり」をするのではなく，「あるもの探し」をするように見ると，「できている子もいる」とか「もう少しで理想の姿になる」といった宝がたくさん見つかることでしょう。

　ただし，理想と現実を見比べて，「あれもできていない」，「これもできていない」と引き算をするとより大きな失望を感じるリスクもあります。効果のある方法は，デメリットもしっかりと理解して取り組むことが大事です。理想から現実を見比べるときは，必ず，「あるもの探し」をするようにしてください。

第3章　アクションはフォアキャストで　143

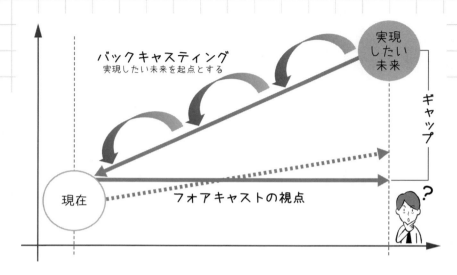

図33　バックキャスト思考とフォアキャスト思考の見取り及び
　　　プランニングと具体的アクションの発想の違い

2 ビジョン達成のために①
基盤づくり

　現状と理想のギャップの洗い出しができたところで，理想のビジョン実現に向けた具体的なアクションプランを立案してみましょう。

　ここまで明らかになっているのは，本書で示した理想とみなさんの目の前の子どもたちの実態，つまり現実です。わかっているのはこれから向かう方向だけです。時間軸が示されていません。バックキャスト思考による理想の実現について，石田・古川（2018）は，「目的地（未来像）に向かうための具体的な行程は，フォーキャストで考える必要がある」と言います（石田らは，「フォーキャスト」と記載していますが，本書では「フォアキャスト」と記載しています）[69]。

　フォアキャスト思考では，理想は実現しないと言っていたのに，ここにきてフォアキャストで行動しようと言っているわけですから，意外に思う方もいることでしょう。フォアキャスト思考では，現在から見て妥当な未来を想定するのでそこには，数々の妥協が介入し，理想とはかけ離れてしまう未来を手にしてしまうわけです。それは，登山道をつくりながら山を登るようなものです。途中で目的を見失うこともあれば，時間切れになることも当然起こるでしょう。

　しかし，バックキャスト思考では，ゴールを見据えたうえで具体的な行程を設定します。つまり，与えられた時間の中で山頂に向かうために必要な登山道を設定し，そこを登頂に必要なペースで進むわけですから，フォアキャスト思考と言っても時間軸を追っていくことは共通していても，実際にやっていることは全く違います。選択しているルートが異なっているわけですから。

　自治的集団の育成の難しさは，子どもたちの主体性や自発性に任せる部分

第3章　アクションはフォアキャストで　145

が多いこと，つまり，教師のかかわり方がよく見えないことだと思われます。しかし，一方で，教師の役割が明確にあるのも事実です。放っておいたら自治的集団にはならないことはみなさんがよくわかっていることでしょう。

　本書では，できるだけ自治的集団育成における教師のかかわりをシンプルに示していきたいと思います。シンプルに示すということは，細かいところをそぎ落としてお伝えしますので，これをやれば自治的集団になるという処方箋というわけではありません。最低限の方針です。細かいところは，子どもの実態に即して，補ったりアレンジをしたりしてください。

01 信頼を獲得する

　これまでの拙著にエビデンスを示しながら述べてきましたが，どんなクラスをつくるにしても，先ずは教師への信頼が始まりです（赤坂，2023）[70]。それは，自治的集団の育成においても例外ではありません。**信頼獲得なくして，学級経営，いや教育活動なしです。むしろ，自治的集団は，教師主導のクラスよりも確かな信頼関係が求められます。**

　信頼の獲得は，受容と包摂（インクルージョン）から始めるのが有効です。

　多くの教師が，子どもを受容することから学級経営を始めていると思います。近年の子どもたちの実態は多様です。**多様性を受け入れるだけでなく，活用する，活かすといった包摂（インクルージョン）の姿勢が求められます。**まず受容してそれから，それを積極的に学級経営に生かす姿勢がこれからの学級経営にはより求められることでしょう。

　多くの著作を持ち精力的に実践と発信を続ける小学校教師の宇野（2024）の受容と包摂は，子どもたちと出会う前から始まります[71]。「まずは「大人しい」とか「やんちゃ」という集団としてのおおまかな傾向と，「女子のけんかが多い」「よく勉強する」などの際立つ特徴を把握します。そうすることで，何に留意して指導し，何を伸ばすかのおおよそを掴むことができます」と集団としての歴史を踏まえて，子どもたちが歩んできた道のりを含め

146

て受容し，そしてその特徴を活かしたクラスの育成をしようとしていることがわかります（宇野，前掲）[72]。

　また，子どもたちには集団として「これまで」があり，そして，個人と個人の「これまで」があります。宇野はさらに次のように言います。

> 　担任が過去の人間関係を把握しておくことは，子どもや保護者からの信頼を得ることに繋がります。「先生は，過去のことまでわかってくれていてこのように指導してくれているのだ」「先生たちの間で，しっかり引き継いでくれているのだ」など，学校として一人ひとりを大事にしているという姿勢を伝えることにもなります。そのためには，まず，過去のトラブル，もめごとについて掴んでおくことが肝要です。担任がどのような指導をしたのか，どのような結末で終えたのか，その後の関係性はどうだったかについても聞いておきます。（宇野,前掲）[73]

　宇野の実践は小学校5年生が対象ですが，子どもたちには集団としての特徴や癖があり，また，くぐってきた指導の経緯があることを認識しようとしています。宇野は子どもたちのもつ特徴や指導のこれまでの指導の経緯を否定せず，また諦めや言い訳の材料とするのではなく，受け入れるべき「制約」として，今後に活かそうとしていることがわかります。

　受容と包摂は，今の子ども個人だけが対象ではなく，その子がどんな集団にいたから，そして，これまでどんな指導を受けてきたかといった環境要因もその対象となります。

　環境要因の受容と包摂を前提として，教師は子どもとどのように向き合ったらいいのでしょうか。宇野の4月の子どもとの出会いの場面を例に考えます。

第3章　アクションはフォアキャストで　147

教室を笑顔でいっぱいにしたいと考え，楽しいアクティビティやゲームをするのもよいでしょう。担任に親近感をもってほしいと考えて，特技を披露するのもよいでしょう。共通の話題や子ども同士の交流が生まれ，教室は明るく楽しい雰囲気になるに違いありません。

　こうした雰囲気づくりの他に，初日にすべき大事なことがもう一つあります。それは，担任の教育観を語ることです。というと，何やら大げさに感じるかもしれませんが，要は「これだけは絶対に揺るがない」ということを語ればよいのです。

　教育観を語るということは，担任の人となりを語ることです。ですから，上っ面のことではなく，教師の価値観や信念を子どもの心に届くように語れることが大切です。

　何をどう語るかによって担任への信用・信頼度が決まり，その後の関係性を左右すると言っても過言ではありません。まずは担任と子どもが信頼関係で結ばれ，子ども同士が安心してつながれるフレームをつくります。（宇野，2024）[74]

　これは宇野の学級開きの考え方の一端ですが，担任への親近感や雰囲気づくりが大事にされていることがわかります。これまでの研究で教師への信頼形成おいては，親近感，特に話しやすいことが主な要因であることが示されています。それとともに，教師の役割の遂行も示されています。教師として，また，クラスの責任者として価値観や信念を子どもの心に届くように語ることは信頼を獲得することに寄与することでしょう。

02 願いの共有

　理想の実現で大事なことは，どんな理想を描くか，そして，それをメンバーと共有できるかどうかということです。学級目標の設定が，その機会であることが多いですが，学級経営を大事にする多くの実践家が学級目標の設定は5月のゴールデンウィークの後にしています。長期休業でクラスの状態が

リセットされてしまうこともその理由の1つですが，4月当初は，学級に対する願いなどがない状態で，子どもたちと願いを出し合ってもそれは，形式的なものになってしまうというのがその主な理由のようです。

　しかし，彼らは学級目標の設定まで様々な，種まきをしています。願いの共有もその1つです。学級経営という船は学級開きから既に動き出しています。まずは方向性を打ち出すのは教師の役目です。特に自治的集団の育成は，後半に従って教師の直接的指導が減るので，最初に必要なことを共有することはとても大事なことです。

　冒頭に紹介した『ちょこっとスキル』シリーズの髙橋も，4月に明確に願いを打ち出す教師の一人です。以下は髙橋の小学校6年生の実践です。

---

(1)6年生がどのような学年か共有する

　学年ごとによる特性を担任がしっかりと把握しておくことが大切です。6年生の特性を私は次のように捉えています。

① 最高学年であり，全校のリーダーであること

② 卒業式が6年間の最後の授業であること

　この特性を子どもと共有し，共通の目標として意識を高くすることで，子ども達の主体性や協働性を高めることができます。

(2)最高学年であり全校のリーダーであること

　子ども達と一緒に全校のリーダーとは，どんなリーダーなのか，色々な機会で共有します。

　「みんなはこれらのリーダーになる機会がたくさんあります。全校のリーダーとなるとき，どのように取り組んでいきますか？」
と伝え，4月に全校のリーダーとしての心構えを子供と一緒につくります。この心構えと関連付けながらこの後の章でお伝えする，具体的な実践をしていきます。

第3章　アクションはフォアキャストで　149

(3)卒業式が6年間の最後の授業であること

　卒業式することを子ども達はなんとなく理解しています。しかし，卒業式がどのようなものなのかは実感がありません。そこで，

　「卒業式はね。今までの6年間の最後の授業なんだよ。その最後の授業が終わった時，どんな姿になっていたい？」(髙橋，2024)[75]

　髙橋は6年生なので，まず6年生がどんな学年なのかを共有しようとしています。子どもに語るところは語り，子どもから引き出すことは引き出そうとしています。上記の(2)最高学年の意味，(3)卒業式の意味は子どもから考えを引き出していますが，その前提に(1)6年生という学年の意味を伝えていることで，ある程度の方向性を示された意見が子どもから引き出されることでしょう。

　子どもの意見を聞く，というよりも問答を通して，教師の願いを共有しているようです。しかし，髙橋の意識は，決して教師主導のクラスではなく，「4月に全校のリーダーとしての心構えを子供と一緒につくります」という言葉に象徴されるように，常に「共につくる」という意識なのだと思われます。4月という方向性を示すべきときだからこそ，教師の指導性を発揮しながら，願いの共有を図っているのでしょう。髙橋は，6年生像を共有した後，クラスのゴール像も共有していることがわかります。

　ビジョンの共有をするためには，子どもたちとビジョンと教師の間に，原象徴的三角形を形成する必要があるのです。ビジョンに対して，**教師と子どもたちが共視関係をつくるわけです**。そのためには，教師は子ども一人一人と信頼関係を築く必要があります。

ビジョン達成のために②
3 ルールの内在化

　学級集団の成り立ちの基盤は秩序であることは拙著で述べました（赤坂，前掲）[76]。自治的集団の育成においても，ルールの指導は大事であり，その内在化，つまり教師に頼らない子どもたちの自発的なルールの尊重が求められます。ただ，秩序はルールや規範だけから成り立つわけではありません。

　クラスに秩序を成り立たせるためには，秩序の構造を理解して，ルール指導に当たる必要があるでしょう。まず，目的の共有が前提となります。ビジョンがあって集団の方向性がある程度見えるからこそ，集団内に秩序が生まれ，それが維持されます。学級の秩序が緩んでいるときは，ルールが守られていないというよりも，目的意識が緩んでいるときかもしれません。

　また，ルールが維持されるには，子どもたちのコミュニケーションが円滑である必要があります。また，ルールがあるということは，常に違反や逸脱のリスクがあるということです。そのためには，**ルールの共通理解やルールに関してあれやこれやと子どもたちが対話すること**が必要となります。

　また，ルールの尊重には学級カルチャーも深くかかわっています（図22参照）。ルールを尊重すること自体が，自治的集団の学級カルチャーでした。そして，その他の学級カルチャーもネガティヴな姿の抑止，禁止の方向ではなく，ポジティヴな姿の促進，拡張する方向のルールとも言えます。学級カルチャーは，ルールの内在化した状態と呼んでいいのです。

　秩序が守られたクラスに子どもたちは，居心地の良さを感じ，より貢献しようと思い，行動しますからクラスは自治的集団に育つ可能性が高くなります。

　ルールは子どもたちに言葉として示され，共有され，確認され，浸透し，雰囲気のような普段は意識されない価値観のような存在に昇華すると考えら

れます。ルールの在り方は，言葉の在り方ととても近いと言えるでしょう。自治的集団を志向する教師たちは，言葉に関する指導を大事にしています。

自治的集団育成に関する著書をもつ松下（2024）は，

> 新しいクラスが始まり，しばらくの間，教師へ書類を提出したり子どもたちへ配付したりすることが多くあります。効率的にそれらのやり取りをしながら，数多くあるやり取りを「つながる力」の基礎を育てる機会と捉え，指導をしていくと，子どもたちは格段に成長していきます。
>
> 子どもたちには上の絵を見せながら，「先生にプリントやテストを渡すとき，今までどのように渡してきましたか。」と子どもたちに問いかけます。子どもたちは以下のように答えるでしょう。
>
> ・「どうぞ」　・「お願いします」　・「見てください」
>
> ※「上の絵」は右のようなイラスト（筆者）

と，4月当初から，子どもたちの活動を見ながら，良質なつながりを形成するために必要な言葉を確認しています[77]。プリントを渡すという，頻度の高い行為を実践の場として，活用しています。内在化とは，適切な行為が習慣化する必要があります。**習慣化には，繰り返すこと，つまり頻度が求められ**ます。

また，松下は，次のような言葉でこうした指導を意味づけています。

> プリントやテストをもらう時，みんなが一言添えてくれると，先生は「頑張ろう！」とやる気になります。逆に投げるように渡されると，悲しい気持ちになり

ます。先生や友達にプリント等を渡す時には，一言添えて，渡すようにしましょう。(松下，前掲)[78]

　渡す相手が何をしているか確認せずにプリント等を渡すと，プリントが相手の顔に当たったり，渡し忘れがあったりします。プリントを渡すときは，「どうぞ。」と言って相手の目を見て渡しましょう。もらった人は「ありがとう。」と言いましょう。(松下，前掲)[79]

　松下の指導は，「望ましいから，○○をやりましょう」という指導ではなく，まず考えさせ，意味を伝え，そして，適切で具体的な行為を教えています。松下が，言葉や態度に関するルール指導を通じて相互尊敬や相互信頼の学級カルチャーを醸成しようとしていることが窺えます。

　ルールの内在化は，習慣化とも言い換えられます。ルール指導を，ルール違反した子どもを叱ったり，注意したりすることだと考えている教師もいますが，ルール指導の本質は，新しい行動の獲得を通した自律性の育成と規範意識の醸成です。つまり，スキルトレーニングなのです。「廊下を走ってはいけない」と注意するよりも，廊下を安全に歩行する価値を伴ったスキルを指導するという発想に立ちます。「授業中におしゃべりをしてはいけない」と叱るのではなく，他者の話をよく聞くという価値を伴ったスキルを指導するという発想に立ちます。
　効果的な行動獲得の指導法に，ソーシャルスキルトレーニングがあります。
　一般的なソーシャルスキルトレーニングの指導ステップは，以下のようになります。
　ソーシャルスキルトレーニング（SST）の指導プロセスは，一般的に以下の5つのステップで構成されています。

01 教示（インストラクション）

このステップでは，ソーシャルスキルの必要性とその効果について説明します。具体的には「なぜそのスキルが必要か」，「スキルを身に付けるとどのような効果があるか」を対象者に理解させます。

02 モデリング

適切な行動の手本を示すステップです。「適切な振る舞いの例を見せる」，「不適切な振る舞いを示し，問題点を考えさせる」といった指導法がとられます。

03 リハーサル

実際に練習を行うステップです。「ロールプレイング」や「教師や子どもたちによる実践的な練習」という方法で実施されます。スキルを習ったら実際にやってみます。

04 フィードバック

リハーサルの内容を振り返り，評価します。「適切な行動に対して承認する」「不適切な点があれば，修正のアドバイスを行う」などのことをします。

05 般化

学んだスキルを様々な場面で活用できるようにするステップです。トレーニングで身に付けたスキルを日常生活の様々な状況で発揮できるよう促します。複数の子どもたちに，指導をする場合は，その定着度合いに個人差が生じます。必要に応じて**01**〜**04**の段階に戻り，定着を図ります。**特にスキルが日常生活で活用された際の，フィードバック，とりわけできたことの承認は効果的です。**スキルトレーニングの時間だけ，スキルを活用できても，習慣化はしません。般化まで指導を視野に入れる必要があります。

松下の指導過程には，丁寧なインストラクションやモデリングが見られま

154

す。また，活用頻度の高い行為を指導場面として選択していることから，般化を意識していることは明らかです。次の実践には，松下の般化に対する強い意識を見て取ることができます。

　以下の実践は，教室にあたたかな言葉を大事にする学級カルチャーを形成する教室でよく実践されています。

---

(1)　STEP1　「ふわふわ言葉」「チクチク言葉」で言葉遣いを確認する

　プリント等の受け渡しの際の言葉遣いを意識して取り組むようになったら，以下のように子どもたちに語りかけます。

　「言葉には力があります。言われると嬉しくなったり，元気が出たり，心が温かくなる言葉を「ふわふわ言葉」，逆に悲しくなったり，イライラしたりする言葉を「チクチク言葉」と言います。」

　その後，どんなチクチク言葉があるか子どもたちに発表させ，黒板に板書していきます。途中，「チクチク言葉」を聞いて笑ったり，ふざけてしまったりする場合があります。「心が麻痺すると，チクチクと感じずに面白く感じてしまうことがあります。そう感じる人は，『チクチク言葉なんだな』と自分で強く確認するとよいですね。」真剣な顔で語り，教室に「チクチク言葉はいけない」という雰囲気を作り出しましょう。

　「考えられるチクチク言葉を出し終えましたね。今からこの言葉を消します。これからはこの教室ではこれらの言葉を使わないようにしましょう。」

　そう子どもたちに投げかけ，黒板の文字を消していきます。消し終えたら，ふわふわ言葉を子どもたちに発表させ，模造紙にまとめていきます。まとめ終えたら，子どもたちと声に出して一つ一つ読み上げ，次のように伝え，授業を終えます。

　「声に出してみると，気持ちがふわふわしてきましたね。これからも「ふわふわ言葉」を使って，お互いのことを大切にしていきましょう。」　　松下（前掲）[80]

これは，道徳や学級活動の時間になされますが，教示（インストラクション），モデリング，リハーサル，フィードバックにあたります。松下の指導はここで終わりません。事後に以下のような働きかけがなされます。

(2) STEP2　教室に「ふわふわ言葉」を掲示し，意識できるようにする
　子どもたちと確認した「ふわふわ言葉」は教室内に掲示し，いつでも確認できるようにします。新たな「ふわふわ言葉」を見つけたら模造紙に書き加えるようにし，定期的に振り返るとよいでしょう。　　　　　　　松下（前掲）[81]

　このように意識づける掲示物を作成，それに基づき，随時振り返りを実施することで，日常的にスキル（この場合，あたたかい言葉を積極的に使い，冷たい言葉を使わないようにするスキル）を活用する習慣を形成しようとしています。
　ちなみに，この「ふわふわ言葉・チクチク言葉」（手塚，1998）[82]の授業は，私がカウンセリングを学んでいる過程で講師の先生から紹介され，実践してみて，その効果の大きさに感銘を受けました。その後実践を道徳の副読本や佐藤幸司編集の『とっておきの道徳授業』シリーズに紹介させていただいたことがありました（佐藤編，2021）[83]。松下の実践もそうですが，今では比較的多くの教室で実践されているのではないかと思います。
　実践が広がれば，効果のあるなしが顕在化するのも事実です。効果の差は，「般化の差」と言っていいでしょう。**般化の差は，教師の日常指導の差であり，そこが単発の授業として終わるか，学級カルチャーにまで昇華するかの差になっているのではないでしょうか。**

4 ビジョン達成のために③ あたたかな雰囲気の醸成

　学級経営というとルールや規範が大事にされます。その考えには大筋賛成
ですが，円滑な学級経営を支えるのは，これまで拙著で述べてきたように秩
序です。ルールや規範は，秩序の一部ではありますが，全てではありません。
秩序には，基本的な人権の保障や公共の福祉の実現が含まれます。公共性が
強調され，個人の自由と安全が脅かされてはなりませんし，個人の自由と安
全が強調され過ぎて，公共性が弱まってもいけません。バランスが大事です。

　秩序には，ルールや規範だけでなく，個人の自由と安全を守るあたたかな
雰囲気が求められます。ルールとあたたかさのバランスの中で，秩序のある
生活が実現するのです。

　自治的集団を志向する教師は，具体的にどのような実践によってクラスの
あたたかさを実現しようとしているのでしょうか。実践現場で協同学習を研
究し，学級経営の講師として講座も実施している岡田は，あたたかなつなが
りによって教室にあたたかさを醸成しようとしています。

　子どもたちをつなげたいと思ったら，まずは先生が子ども一人一人とつながり
ましょう。全体を盛り上げるだけでなく，個々を意識するのです。

- 今日はだれの名前を呼んだか（呼ばなかったか）
- 今日は全員に話し掛けたか
- 好きなものや，得意なことは何か理解したか
- 休み時間，だれと何をしているか把握できたか

新年度のスタートから数日は，毎日こんなことを考えて過ごします。

　学級全体を見る一方で，一人一人を意識していないと，３日間先生と一度も話
さず帰っている子がいるかもしれません。

　私は教卓を入口側に置くので，休み時間や朝のたび，「いってらっしゃい。ど

こいくの？」「おかえりー。汗だくだね！」など声を掛けるようにしています。できるだけ，名前を呼びながらです。

　先生の「全員を大切にしている」という態度は，「このクラスでは一年間全員を大切にしていくよ」という最大のメッセージとなるはずです。

岡田（2024）[84]より

　岡田の教師のあたたかな関係づくりは，まず教師と子どもから，それも子どもたちではなく，個の子どもに関心を向けていることがわかります。特別なパワーワード，フレーズによってあたためようとしているのではなく，日常のちょっとした言葉がけであることがポイントです。これなら，教師も無理をしなくていいので，継続性が担保されそうです。当たり前の一言のように思われるかもしれませんが，それらがあるとないとでは随分，教室の雰囲気が違うのではないでしょうか。

　教室には様々な子がいます。当然のことながら，すぐに他者とつながることができる子がいる一方で，周りからつながることが難しいと思われていたり，本人もつながることが苦手だと思ったりする子もいます。そんなときが教師の出番であると岡田は言います。

　教室の中に，周りの子となかなかつながりをもてない子がいると思います。避けられているわけではないのですが，自分からはあまりかかわっていかない子。その子が遠慮したり，ぎこちない態度をとったりすると，周囲はなお気を遣って，距離が離れていくことすらあります。そんなときは，

先生がその子と楽しそうに盛り上がる

姿を見せるとよいです。
「話しかけてあげる」のではなく，「盛り上がる」のです。それには，

> ・その子が好きなことの話題で盛り上がる
> ・その子が得意なことについて詳しく教えてもらう
> とよいです。
>
> それを見ている周りの子は、「なんだか楽しそうだな」「何の話をしているのかな」「あの子そんなことができるんだな」と思いながら聞いています。話に入ってくる子もいます。先生に「何話してるの？」と近付く子もいます。
>
> 岡田（前掲）[85]

図34　教室のつながりにおける原象徴的三角形と親密圏の広がり

　子どもたちの人間関係づくりをアクティビティやエクササイズを用いる場合があります。それはそれで無効だとは言いませんが，それだけでは習慣化はしません。あたたかい関係性の継続や習慣化は，こうした教師のさりげない配慮やかかわりの頻度が大事ではないでしょうか。

　教室におけるつながりの形成にも，原象徴的三角形の関係性を見ることが

第3章　アクションはフォアキャストで　159

できます。Ａさんから見て，Ｂさんはどうかかわっていいかわらない対象だとします。Ａさんと教師の関係が良好な場合は，Ｂさんと教師が良好にかかわっているとき，Ｂさんに対してＡさんと教師の共視が成り立つので，ＡさんはＢさんを肯定的に捉え，良好な関係性が成り立つ可能性が高まります。すると，Ｂさんの「良好な関係性のエリア」（親密圏）が広がります。

　岡田が，教師と子どもの個別のつながりを大事にするのは，個別のつながりが子どもの親密圏を広げることに寄与すると考えているからではないでしょうか。そのことは岡田の次の言葉に表れています。

　「先生を介してつながる」というのは，例えば，先生があまり学級になじめていないＡさんに「Ａさんって電車が好きなんだって？　じゃあ，電車クイズね。この電車の名前知ってる？」と盛り上がっていると，周りの子も「ぼくも教えてー」「じゃあこの電車は何？」と，いつしか輪ができる。そんな状態のことです。しかし，

> 先生が個々とつながっていなければ輪はできない

かもしれません。

　これは，仲の良い友達から「サッカーやろう」と言われたら「やるやる！」となるけれど，苦手な友達から「サッカーやろう」と言われたら「どうしようかな…」となるのと同じです。つまり，その子の感情が動くのは，サッカーの魅力ではなく，それを勧めた人への愛着が大きく影響するということです。

岡田（前掲）[86]

　教室における親密圏が広がることが，一人一人の安心の度合いを高めることになります。それを広げる重要な要因は，教師と子どもの個人的信頼関係ということになりそうです。あたたかな関係があちこちで生じてくれば，それはクラス全体の雰囲気となり，学級カルチャーとなることでしょう。

5 ビジョン達成のために④
協力的な雰囲気と
コミュニケーションスキルの向上

　ここまで述べた信頼の獲得，ルールの内在化，あたたかな雰囲気の醸成は，学級経営の必要条件の整備であり，学級集団を営む上での最低限必要なものと言えます。

　自治的集団としての特徴は，ここからです。

　個別最適な学びが求められるようになって，個別性を重視した学習形態が注目されています。自由進度学習や学びのユニバーサルデザイン（UDL）は，その中でも有力な選択肢になっていると見ていいでしょう。これらの背景になっているのは，自己調整学習能力です。自己調整学習能力とは，学習者が学習プロセスを主体的にコントロールし，効果的に学びを進める能力のことです。自己調整学習能力は，

・学習者が自分の学習に能動的に関わること

・自らの学習を調整し，目標達成に向けて取り組むこと

・学習の過程を自己評価し，改善すること

などの特徴があります。

　なぜ，自己調整学習能力の育成が，重視されているかというと，それが，変化の激しい社会で生涯学び続ける力の基礎となること，主体的な学びを実現し，学力向上につながること，社会に出てからの自律的な行動の基盤となるなどが期待されているからです。

　そうした社会的状況を鑑みて，学習指導要領では，学びに向かう力・人間性の涵養を狙っているわけです。しかし，自由進度学習や UDL の学習形態に目が向けられ，あまり，自己調整学習能力を育てるという本質の議論がなされていないように思われます。形態だけに注目していると，学習の個別化ばかりが進み，文部科学省が懸念する，「孤立した学び」になってしまう恐れがあります。

自己調整学習のプロセスは,
・目標設定と計画立案
・学習の実行と自己モニタリング
・振り返りと評価
・次の学習への調整
というサイクルで進むとされていますが, こうした学習能力は他者の模倣から始まる協働で身に付くことがこれまでの研究で指摘されています。

　つまり, よりよい自己調整学習能力を身に付けるためには, 他者の優れた学習方略を模倣したり, 試したり, フィードバックを受けたりするような協働の時間が必要なのです。つまり, 自己調整学習を身に付けるためには, 他者と協力的な関係であることが大事なのです。

　他者と良質な協力関係を築くためには, コミュニケーション能力が必要です。自治的集団を志向する教師は, 意図的に教育活動に協働を体験する機会を設けています。

　しかし, 子どもたちは, 特に学力が高い子どもたちによくある傾向ですが, 他者との協力を必要としていないことがあります。ほとんどのことは自分でやれてしまうからです。だから, 協力的な関係性を望むなら, ここまでも紹介したように, 教師の願いを子どもと共有する必要があります。教科指導において, 教師の介入なしでも学習課題を解決する学習集団を組織し, 自発的な学習者を育ててきた南は, 子どもと出会った初日に次のように子どもたちに語っています。

　先生には２つの夢があります。１つ目はこのクラスを仲良く助け合うクラスにすることです。
　仲良くすると言うのは口で言うほど簡単ではありません。でも今日の様子を見ていて, 君たちならきっと仲良く助け合う素敵なクラスを作ることができると思います。

2つ目は失敗しても挑戦するクラスにすることです。失敗しない一番の方法は何もしないことです。もし1回も発表しなければ間違える事はありません。でも正解することも永遠にありません。それは寂しいことですよね。

　間違って恥ずかしかったり情けなかったりすることもたくさんあるでしょう。それでも顔で笑って，心の中で歯を食いしばりながら挑戦する子供たちであってほしいと思います。

　そしてそんな友達を頑張れと応援してくれる仲間であってほしいと思います。

　マイナスの出来事は諦めたらマイナスで終わりです。

　でも挑戦し続けていればきっと成功に近づいていきます。失敗しても挑戦してください。

　そんな友達を応援してください。

　先生はそんな子供が大好きです。

南（2016）[87]

　南は，後日，学級目標を，子どもたちとの合意形成で作成しています。しかし，出会った日に，基本的な考えを語ることで，子どもたちに学級生活のフレームを示しています。そのフレームの中核に，協力とチャレンジが位置づいていることがわかります。

　南は，はっきりと言葉にして協力を求めています。しかし，その伝え方はアイメッセージであり，子どもの現状を認めた上で，ポジティブな期待という形で伝えています。

　南の授業をご覧になったことがある方はわかると思いますが，黒板の前で，また解決に迷う子どもたちの机の周り，あちこちで自発的にディスカッションしている子どもたちの姿はこうした語りがスタートとなっていると思われます。ビジョンの明確さは勿論大切ですが，それを伝えるスキルもその実現には欠かせないことでしょう。また，それを受け取る子どもたちも，人に伝わる効果的な方法（スキル）があることを担任の姿から学ぶことでしょう。

　先ほど紹介した協同学習の岡田は，学習活動において子どもたちの協力的関係を育てています。自治的集団は，学級活動の話し合い活動で育てるとい

第3章　アクションはフォアキャストで　163

う話をよく耳にしますが，話し合いを支えるコミュニケーションのスキルや協力のスキルや態度の育成は，週1回の学級活動では，不十分です。頻度が足りません。時間割の多くの割合を占める，教科指導の時間でそれらを育てることはとても有効な手立てです。

岡田は授業におけるつながりを次のように捉えています。

そこで考えたいのが，授業でいう「うまくつながる」とはどんな状態かということです。私は，

> ・相手の意見を聞いたり，自分の意見を伝えたりが意欲的にできる
> ・仲間との対等性が保障されている
> ・学習中は学級の誰とでも話ができる
> ・間違いや失敗，自分と違った意見を受け入れる態度がある

ということを大事にしています。

このような態度を身に付けるために，2年生の子どもたちには，「つながり方」を丁寧に指導してから交流させます。そして，「うまく話し合えたから課題が解決した」「仲間から教えてもらって分かるようになった」など，

> 仲間とつながる良さを実感できる

ようにします。

岡田（前掲）[88]

ただ，つながる機会を設けて，漫然と交流させても，この場での関係性はできてもこれからの関係をつくるため必要なスキルは身に付かないでしょう。岡田は，自治的集団を育てるため必要なスキルのうち，教科指導で育てることができるものの明確なイメージをもち指導に当たっています。みなさんも，本書に挙げた実践を参考にして，自分のクラスを自治的集団に育てるならば，

どんなスキルが必要か考え，その指導方法を構想してみてください。

　岡田は次のような指導をしています。子どもは教師に向かって発言をしがちです。その意欲を認めながら，クラス全体に向かって話すように意欲付けます。

　それを，仲間に向かって話す子どもにしていきたいです。それには，周りの子どもに仲間の発表をきちんと聞かせることから始めます。最初は先生が，「同じこと考えていた人いる？」「付け足しがある人は手を挙げて」と間に入って構いません。

　誰かの発言に対し「同じです」「賛成」「いいねー」または拍手などの

　認める反応ができるよう促す

のです。

　違う意見をもっている子どもは，先に出た意見を否定せず，新たに挙手をして「私は少し違って，〜だと思います」と，自分の意見を言えばいいのです。プラスの反応をもらった子どもは，「もっと意見を聞いて欲しいな」と伝える意欲が高まります。　　　　　　　　　　　　　　　　　　　　　　　　　岡田（前掲）[89]

　聞き方の指導によって，発言の意欲を高めようとしています。ここには，よき話者を育てるのは，よき聞き手であるという考え方が見えます。

　次に対等性の指導です。

　私が必ず指導するのは，輪番発言です。

　必ず全員の意見を聞く（全員が意見を言う）

というやり方です。

第3章　アクションはフォアキャストで　165

例えば学級目標を考えるとき，グループで考える時間を5分間与えるとします。そしたら，誰か一人の意見で「先生もう決まりましたー」と話し合いをやめてしまうことがないように伝えます。まずは4人全員に意見を聞きます。それから，「どれがいいと思う？」とまた全員に聞きます。

　輪番発言をやっていくと，話せなかった子どもが話すようになります。仲間が聞いてくれるということは，それだけ大きな力になるのです。だから，

お互いに「○○さんはどう思う？」と尋ねること

を教えます。

岡田（前掲）[90]

　大人数のクラスでは，挙手して発言，そして教師に指名された子が発言するというシステムで授業運営がなされていることがあります。その仕組みに慣れてしまうと，手を挙げていない子は意見をもっていないと思い込みがちです。

　また，そうした仕組みで学習を繰り返すうちに，意見を言わなくても学習が進むので，自分は学習や話し合いでは意見を言わなくてもいいと学習してしまうことがあります。発言格差は，やがて人間関係における上下を生み，発言が少ない子の居場所をうばってしまうことすらあります。発言の量の均等性がそのまま，対等性とは言い切れないかもしれませんが，対等性が現れる重要な指標の1つと言っていいでしょう。

　いくら教師が協力をする場面をつくっても，上下関係のあるクラスでは，支配，被支配関係をつくってしまうことがあります。発言の多い子が，前者となり少ない子は後者となります。**協力的な関係とは，完全に対等とはいかないまでも双方が対等性を意識しないと成り立ちにくい関係性と言えるでしょう。**

　また，自治的集団を育てようとする場合，交流の流動性が求められます。交流の流動性とは，交流に偏りがなく，誰でもかかわれる状態です。岡田は

そうした状態を実現するためにペアトークの場を多く設定します。

> 授業でペアトークも積極的に取り入れます。体の向きを変えて，膝を向き合わせて話します。席替えのたびにお隣の相手は変わり，いろいろな仲間と話す機会となります。もし，仲の良い子とやりたいと言う子がいたら，「学習は誰とでもできるよね。お隣の人とやってね」と指導します。
>
> ただ，いきなり「話し合い」など難しいことはうまくいきません。うまくいかないことは嫌いになるので，簡単なことから始めます。
>
> 例えば，算数の答え合わせの前に「隣の人と答えがどうなったか聞き合ってみて」と指示します。「2人の答えが同じだった人は？（挙手させる）」「答えが違った人？（挙手させる）」と聞きます。もしここで，手があがらなかったペアがあったら，「まだ聞き合いっこしてないなら，聞こう」と促します。話さないままにはしません。
>
> このように，仲がいい悪いや，好き嫌いではなく，
>
> ---
> 学習中は誰とでも平等に接することができる
> ---
>
> ことを当たり前に求めていくのです。　　　　　　　　　　　　　岡田（前掲）[91]

　岡田は誰とでも仲良くしてほしいと言っているのでなく，できるだけ多くの人と協力的な関係を結べるように求めているのです。仲の良さは，コミュニケーションが進み，結果的にそうなったらそれはそれでいいわけですが，岡田の関心はそこにはありません。1人でも多くの人とコミュニケーションができるように，その入り口として，頻度高くペアトークを取り入れています。

　さらに，協力的な雰囲気を育てる岡田の手立てが周到に計画されていることを感じさせるのが，次の指導です。

第3章　アクションはフォアキャストで　167

> 授業では当然，間違えることもあります。周りの子が「は？」など不適切な言葉を発してしまうこともありますね。ここは先生の腕の見せ所です。
>
> 「おー，気が付いた人もいるけど，ここちょっと違っているね。実はここ，間違い易いポイントなんだよ。他にも同じ間違いした人が実はたくさんいるんじゃないかな。だからみんなでもう一度確認しよう」と明るく言います。すると「うん，私も間違った」「わかるわかる」などの声が出ます。　　　岡田（前掲）[92]より

　子どもたちが協力的に行動するためには，主体性や積極性が求められます。そのときに，不安があると子どもたちのそうした行動は一気に影を潜めます。子どもの不安のほとんどは，対人リスクです。

　何を発言していいかわからない，何をしていいかもわからないということもあるでしょう。しかし，そのときは誰かに聞けばいいのです。それができないのは，消極的な本人要因もあるかもしれませんが，そうした個性も周囲のサポートである程度は解消されます。教室では，必ず間違いやミスがあります。そのときに，教師がそれにどう対応するかで，子どもたちの間違いやミスに対する態度が決まることがあります。

　協力的な雰囲気には間違いへの寛容さが求められます。また，ミスに対する受容的な環境ではチャレンジがたくさん起こりますから，コミュニケーションスキルの活用も活発に行われることでしょう。

ビジョン達成のために⑤
6 問題解決能力の育成

　自治的集団が自治的集団として成立しているのは自治的能力をもっているからです。自治的能力とは、合意形成能力とそれに基づいて協働で実践できる力でした。合意形成と協働によって問題解決ができるからこそ自治的集団と呼ばれるわけです。この問題解決能力は、学級活動における話し合い活動などで子どもが自ら問題を提起し、解決策を考える機会を設け、経験値を挙げて成功体験を積むことで育成されます。

　問題解決能力を育む話し合い活動には、様々なものがありますが、その中でも人間関係の向上などにエビデンスがあり、マニュアルもあるクラス会議を取り上げます。学級会とクラス会議は何が違うのかと質問されることがありますが、その1つに取り扱う議題があります。クラス会議では、クラス全体の課題（クラス議題）も話し合いますが、個人の悩み（個人議題）もその対象です。
　本書では、個人議題の解決が問題解決能力の基盤を育成する機会と捉え、個人議題の解決に注目します。

　深井は、個人議題の解決の時間を大事にしている実践者の一人です。その理由を次のように言います。

> 　私は、個人のお悩み相談の時間を大切にしています。それは、仲間の気持ちに寄り添ったり、自分に寄り添ってもらったりすることで、つながる喜びを感じられるからです。「みんなが自分のために考えてくれた」という感覚をもつことで、人とつながる意欲が湧きます。　　　　　　　　　　　　　　深井（2024）[93]

自治的集団の問題解決能力のエネルギーは，クラスのために何かしたいと思う貢献感です。ここを育てずに，クラス議題を話し合っても，話し合いは形式的な空疎なものになることでしょう。クラスの問題を自分事として捉えていないからです。

　このクラスには，自分の悩みを真剣に考えてくれる人たちがいると思うからこそ，クラスに対する所属感が生まれ，子どもの関心は，クラスの向上や改善に向かうのです。

　以下は，深井の個人議題を扱う場合のクラス会議の様子です。

10～15分の短いクラス会議で，個人のお悩み相談を行っています。

1	輪になって，提案者が議題を提案（悩みを相談）する
2	周りの子ども達が質問をする
3	解決策をたくさん出す
4	提案者が実践できそうな解決策を選ぶ
5	気持ちを伝え合う

お悩み相談会の時に私が子ども達に伝えるのは，次のようなことです。

・思いついたことは何でも言おう。

・人の話は最後まで聞こう。

・人の話は全部「いいね」と認めよう。

・アイデアをたくさん出そう。

　解決策を出す前に質問タイムを設けることも重要です。相手の思いをはっきりとイメージし，寄り添った解決策を提案しやすくなるからです。私は質問したことを板書に残しています。また，問題となっている場面をロールプレイすることもあります。

＜実際に話し合った個人の議題例＞

・兄弟げんかが多いが，どうしたらいいか。

・宿題を忘れないためには，どうしたらいいか。

・通学班の低学年が言うことを聞かないが，どうしたらいいか。

深井（前掲）[94]

　深井の進め方から，深井が傾聴や承認のスキルを教え，話しやすい状況を
つくり，発言量を増やそうとしていることがわかります。ソーシャルスキル
を教え，コミュニケーションを活性化しようとしています。

　また，解決策を策定する前に，状況理解のための時間をとり，他者の悩み
に共感する機会を設定しています。共感性を高めることは，関係性がよくな
るだけでなく，社会的スキルが向上することによってより効果的に協力的な
活動をすることが可能になります。

　次に示すのは，深井のクラスで実施された個人議題を扱ったクラス会議の
子どもの感想です。

　ある日，「友達がふえるためにはどうしたらいいか。」というクラス会議を行い
ました。解決方法がむずかしく，はじめはパスしたけれど，みんなの意見を聞い
て，「なるほど。」と思い，自分の意見を発表しました。そうしたら，そのアイデ
アを活用してくれました。次の日，どうだったと提案者に聞くと，
　「うまくいったよ。」
と答えてくれました。友達の役に立ててよかったと思いました。　深井（前掲）[95]

　感想を書いた子は，自分の提案した解決策が，クラスメイトの悩みの解決
に直接つながり，貢献感を感じていることがわかります。

　クラス会議をすると子どもたちが優しくなった，元気になったと感じる教
師がいます。これはどういうメカニズムなのでしょうか。スタンフォード大
学の心理学者，マクゴニガル（神崎訳，2015）は，「周りの人をいたわると
き，わたしたちの体の生理状態には変化が起こり，希望や勇気の感情を生み

出す脳のシステムが活性化します。

　また周りの人を助けることも，慢性のストレスや心的外傷性ストレスによる害から身を守ります」と指摘します[96]。

　マクゴニガルが言うように誰かを思いやる体験が，私たちを元気にするとしたら，クラス会議は，子どもたちを元気にし，集団で希望や勇気を味わう時間になっている可能性があります。

　また，クラス会議は，共有体験になる可能性があります。共有体験は，自分の思いや感情の共有を通して「自分は間違ってない」「自分はこれでいいんだ」といった自尊感情を高めます。自尊感情が高まるとき，私たちは当然快の感情を味わうことでしょう。

　快の感情は行動の再現性を高めます。また，成功体験は「次も話し合おう」，また「また，自分たちの力で解決しよう」と問題解決志向の学級カルチャーが生まれ，そうやって経験値を上げることで，「自分たちは問題を解決できる」という自信につながっていくことでしょう。

　図35に示すように，お悩み相談においてクラスメイトの抱える問題に対して，共視が起こっています。クラス議題は子ども同士の様々な利害が絡みますから，合意形成をするには，子ども同士の信頼関係が大事になってきます。だから，**クラス議題の解決に取り組む場合，信頼関係の形成に配慮しないと話し合いをきっかけにして不協和音が生じかねないのです**。

　「話し合ったら関係性が悪くなった」という経験をもつ方がいるかもしれませんが，それは，信頼関係の薄い状態で，強引な合意形成をしようとしたからかもしれません。逆に信頼関係があれば，様々な妥協案も出され，それだけ合意しやすくなることでしょう。「話せばわかる」と言って，話し合えばよい関係になれると思っている人たちもいますが，私はそれに対して懐疑的な立場です。

　話し合いは，そもそも納得感のある合意形成などを通して，話し合う前よりもよい関係になるための営みです。合意とはいつも同じ意見になるとは限

りません。むしろ、「意見を一致させることができない」という共通認識をもつことも合意です。それはそれで相互理解が進んだ状態ですので、以前よりもよい関係になったと言えます。場合によってはそのときは、意見が一致しなくても、よい関係だったら、次の機会があるかもしれません。

　こうしたことができるのは、合意形成をしようとメンバーが思っているからです。話し合いは、「問題を解決（合意形成）するためのものである」という学級カルチャーがないところで、良質な話し合いはできません。合意形成ができる集団に育てるためには、共視による問題解決が有効です。クラス議題は、先ほど申し上げたように、合意形成が難しい課題です。しかし、個人議題は、最後の決定は個人がしますから、メンバー間の対立のリスクは低いのです。そして、議題の提案者つまり相談者の、「悩みが解決した」とわかれば、それは話し合い活動の成功体験になります。個人議題の解決活動は、クラスに原象徴的三角形を形成し、「話し合いは問題解決をするためにするもの」という学級カルチャーを育て、話し合いという営みへの信頼を醸成するよい機会なのです。

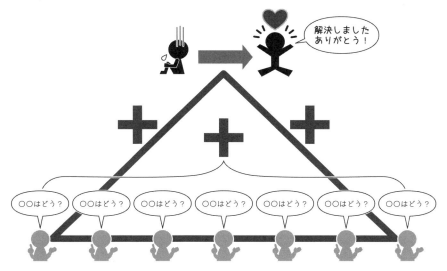

図35　個人課題の解決における原象徴的三角形

ビジョン達成のために⑥
リーダーシップの育成

　多くの教師が，リーダーを育てたいと思っています。だからこそ先人たち
は，様々な場面で異なる子どもがリーダーシップを発揮できる機会を設けた
り，中学校などでは，リーダー研修会などと称して，リーダーシップのスキ
ルを学ぶワークショップを実施したりしました。また，日常指導では，子ど
もが自主的に役割を担う機会を増やしたり，リーダーとフォロワーの両方の
重要性を理解させたりするなどのことも行われています。

　しかし，近年は，カリキュラムオーバーロードなどと言われるように，過
剰積載状態の教育活動によって，より効率的にカリキュラム運営をする必要
があり，なんでもかんでも教師が請け負ってしまっています。その結果，子
どもたちにリーダー性が育たない状況が起こっています。

　しかし，**リーダーやリーダーシップを育てたいと思ったら，教師が直接的
にリーダーを務めたり，リーダーシップを発揮したりする機会をできるだけ
減らさなくてはなりません。「教師がやったら子どもはやらない，やれない」**
のです。

　教師の在り方と，学級の状態は常にリンクしています。学級集団の発達段
階については，よく知られているものに河村（2012）の「学級集団の発達過
程」モデルがあります[97]。ルールの定着度に即して，次のようなステップが
あることを主張されています。

第一段階　混沌・緊張期→無秩序
　子ども同士の交流が少なく，学級のルールが定着しておらず，一人一人が，
バラバラな状態。

第二段階　小集団成立期→ルール確立30％

学級のルールが徐々に意識され始め，子ども同士の交流も活性化してくるが，気心の知れた小集団による交流に留まる。

第三段階　中集団成立期→ルール確立60％
　学級のルールがかなり定着し，小集団のぶつかり合いの結果後に一定の安定に達すると，指導力のあるリーダーのいる小集団が中心となって複数の小集団が連携でき，学級の半数の子どもたちが一緒になって行動できる状態

第四段階　全体集団成立期→ルール確立80％
　学級のルールが子どもたちにほぼ定着し，一部の学級全体に反する個や小集団と折り合いがつき，ほぼ全員で一緒に行動できる状態にある。

第五段階　自治的集団成立期→ルール確立80％以上で分散が少ない
　学級のルールが子どもたちに内在化され，一定の規則正しい全体生活の行動が，温和な雰囲気の中で展開される。子どもたちは自他の成長のために協力できる状態にある。

河村（前掲）[98]

　自治的集団の育成のポイントは，教師のリーダーシップの在り方です。ビジョンの達成に必要な行動①〜⑤の前提となるのが，教師のリーダーシップの変換にあります。河村のモデルには，教師のかかわり方は示されていませんが，これはクラスの状態を表現したまでなので，そこには教師の指導や支援があることは明らかです。放っておいても，ルールは定着しないし，子どもたちのつながりは育ってはいかないわけです。
　では教師はどのようなかかわり方をしたらいいのでしょうか。具体的なヒントを与えるものに白松（2017）の学級経営の指導スタイルがあります[99]。白松（前掲）は，学級経営の三領域（必然的領域，計画的領域，偶発的領域）を指導するときに，インターベンション（介入），インクルージョン

第3章　アクションはフォアキャストで　175

（包摂），インストラクション（指導），ファシリテーション（あたため，方向づけ），コーディネーション（環境づくり），コーチング（困り感の解消）の７つのスタイルを領域ごとに重みづけを変えて指導するとしています[100]。

　白松（前掲）は，７つの指導スタイルを，横軸に教師の指導性（教師主導か子どもの活動・行動支援か），縦軸にかかわりの対象（全体か個別か）を設定し，４つの部屋をつくり，分類しました。白松の学級経営三領域では，子どもたち一人一人の人権を守りクラスをあたためる必然的領域の指導は，年間を通じて一貫して遂行され，一方で，年度末に向かってできることを増やす計画的領域の指導の配分は減り，その分，文化創造をする偶発的領域の指導の配分が増える構造になっています[101]。

　正にこれは，教師のかかわりを指導から支援に変換させて，子どもの自由度を高め主体性を引き出そうという自治的集団の育成の流れに合致しています。

　河村の学級の発達段階モデルは，自治的集団の発達のプロセスを示すものであり，白松の指導スタイルは，偶発的領域の指導に至る流れ，つまり，自治的集団を育成するための指導のプロセスを示すものと捉えることができます。これらを重ね合わせることによって，学級集団の各発達段階で，教師がどのような指導スタイルをとればいいかを理解することができます。それを図示したのが，図36です。

　図の周辺に記載された「起」「承」「転」「結」は，便宜的に私が付加したものです。バックキャスト思考の最後の仕上げは，シナリオを描くことです。時間軸に添って，シナリオを作成します。この「起」「承」「転」「結」が，自治的集団育成のシナリオとなります。

　起承転結の流れをもたせることによって，学級経営という複雑な概念を整理し，一貫性のある流れで表現することができます。この構造化された思考は，長期的で偶発的な出来事によって揺らぎがちな目標達成への歩みを最小

限の揺らぎに留めて展開することができるでしょう。

　もちろんクラスは「生き物」ですから，教師の描いたシナリオ通りには行きません。シナリオは「たたき台」と考えていただきたいと思います。**常に子どもとそして子どもの実態と対話しながら，軌道修正**します。シナリオの存在は，方向性の確認や優先順位の決定の規準になります。

　学級集団の発達段階及び指導スタイルの詳細については，出典となった河村，白松の著書を巻末に挙げてありますので，それぞれをお読みいただきたいと思います。図36は，河村，白松のモデルを合成し，私なりの解釈を加えて作成してあります。図の起承転結に添って，自治的集団育成のシナリオを述べます。

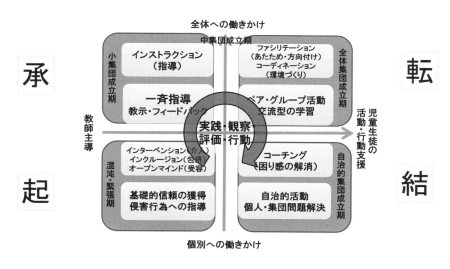

図36　自治的集団を育てる教師のリーダーシップのシナリオ

01 起：基盤確立期

　子どもたちとの出会いの時期です。ここでは子ども一人一人との信頼関係を築きます。この時期は，クラスの秩序が未形成で，子どもたちは前のクラスの行動様式や独自の価値観で行動していますが，まだ子どもたちの自由度

第３章　アクションはフォアキャストで　177

は低いので大きな対立やトラブルは起こりにくいです。このときに，教師が
声をかける，おしゃべりをする，共に過ごすなど，親しみやすい振る舞いを
行うことで，一人一人とコミュニケーションができる状態にし，安心できる
人物であることを理解してもらい，基礎的な信頼を獲得します。

　しかし，一方で，「いじめや差別は許さない」などのメッセージを発信し，
一人一人の人権が大事にされる場所であることへの願いを伝えておきます。
ほめることやあたたかい声かけは当然とした上で，侵害行為に対してはこの
段階でも関心をむけます。感情的に叱ることは NG です。しかし，いじめに
つながる行為，冷やかし，からかい，侵害的な言葉については，それが望ま
しくないことを伝えます。

　侵害行為に関しては毅然と対応しながらも，一人一人の個性を理解し，受
容していきます。クラスを立ち上げるわけですから，全体に対して願いを伝
え，基本的なルールを示し集団生活のフレームは示します。しかし，同時に
子どもとの一対一の信頼関係をつくるように積極的に働きかけます。

⑫ 承：必要条件整備期

　子どもたちの交流が始まってくると，仲良しの小集団がつくられていくこ
とでしょう。いつも一緒にいる子が決まり始めます。そうした状態を放って
おくとインフォーマルなつながりがどんどん形成され，場合によっては不適
切な行動をする私的グループが形成されることがあります。そうなる前にで
きるだけ教師は，素早く「起」から「承」の段階に移行します。

　自治的集団の必要条件となる，ルールの習慣化とあたたかな雰囲気の醸成
に必要なことを全体に向けて指導します。傾聴のスキル，人を傷つけない自
己主張などのソーシャルスキルを，ソーシャルスキルトレーニングの指導過
程（インストラクション，モデリング，リハーサル，フィードバック，般
化）を意識しながら丁寧に指導します。

　この時期には，ちょっとしたいざこざや対立も起こります。しかし，それ
は起こるべくして起こるものとして捉え，ひとつひとつに感情的になること

は控えておきたいです。介入すべきか，見守るか判断し，前者の場合はしっかりと介入します。トラブルの際は，教師の力で指導してトラブル解消するというよりも，当事者と関係を深める機会と考え，よくコミュニケーションを取るようにします。

この時期のトラブルは，誤解による思い違いなどの場合が多いと思われます。教師が子どもを理解していないこともあるだろうし，その逆で，教師の言っていることが理解できていない場合もあります。子ども同士も，相互理解が足りなくてぶつかり合っている場合があります。

明白な侵害行為があればそれは指導しますが，基本はよくコミュニケーションをとって誤解や勘違いを解消するように調整します。子どもの実態にもよりますが，子ども同士に交流が活性化すればぶつかり合いも多くなります。では，交流を減らせばいいかというと，それでは集団は育ちません。この時期のトラブルは，互いを理解するために必要なトラブルです。何が大事で，何が大切なのか，集団として目標をはっきりさせるような全体への働きかけが大事です。

03 転：協力志向育成期

自治的集団に必要なカルチャーの種まきが終盤に近付いてきたら，ペア活動やグループ活動，自由交流などの機会を通じて，子ども同士の交流の量を増やしていきます。

交流を増やすと言いながらも，この時期は教師がかじ取りをしっかりやっていく必要があります。まだ教師がいないところでルールが守られないことがあるだろうし，トラブルも起こる可能性が高いからです。トラブルが起きてはいけないということではありませんが，数は少ない方がいいでしょう。

交流活動をする際は，教師が場を設定し，目標やかかわり方をしっかり伝え方向性を示した上で，活動の流れや時間配分などをしっかり構成し，交流による成功体験を積むようにします。

ここで大事なのは，教師が管理した上で活動をしているわけですが，子ど

もたちには「自分たちでやり遂げた」という自信をもってもらうことです。子どもたちの意欲や努力を見取り，活動後のフィードバックでそれを伝えます。ここで積み重ねる自信が，次の段階へクラスを育てます。

　クラス全体に働きかけながら，だんだんと働きかけの質を教師主導から，子どもたちの活動，行動を支援する形に変えていきます。インストラクションといった教示を減らし，フィードバックのような承認や意味づけを増やし適切な行動を増やしていきます。

04　結：問題解決能力成長期

　どこまでが全体集団でどこからが自治的集団なのか明確な境界線があるわけではありません。課題や状況によって，全体集団と自治的集団の間を行ったり来たりしているのが現実のクラスの姿だと思います。

　学習においても生活上の諸問題の解決においても，どんなに子どもたちの主体性が高まってきても，忘れてはいけないのは，個人への声かけです。クラスがどんなに育ってきても，教師との個人的信頼関係が損なわれるとそこから，秩序が崩れ，クラス全体が機能しなくなることがあります。

　クラスがどんなに育ち，どんなに優れたパフォーマンスをするようになっても，やっぱり気になる動きはあるだろうし，声をかけ続けなくてならないケアの必要な子がいると思います。そういう子には，教師は割と声をかけていますが，他の子どもたちへの目配り気配りを忘れてならないのです。

　個別の声かけ，おしゃべり，日記でのコメントなどを通じて，個別の関係を常にメンテナンスしていきます。クラスがどんなに育っても個別の困り感がなくなることはありません。子どもたちに任せられない問題があるだろうし，子どもから見れば仲間に相談できないこともあるでしょう。そうした問題へのケアは常に続けます。

8 シナリオ的学級経営プラン

　最後に実際の自治的集団育成を志向した学級経営のシナリオを紹介して本書の結びとしたいと思います。

　図37は，ある小学校の学年団（５年生）が作成した学級育成プランに，私が白松の学級経営三領域モデルを加筆したものです。白松のモデルを具体的な実践に落とし込むとどうなるかを先生方と共有するために作成したものです。実際に活用されたものなので実効性が高いものになっています。

　この学年団は，５年生の学校の次期リーダーとして育てることを目標として掲げました。その一つの象徴的な活動が，３月に実施される「６年生を送る会（六送会）」の成功です。６年生を送る会を成功させることで学校のリーダーとしての自覚をもってもらいたいと思ったわけです。六送会の準備は１月から始まります。そのときまでに学年の一定数以上のメンバーがリーダーシップを発揮できる状況にしておく必要があります。

　リーダーシップを発揮できるようにするためには，個人の力量も高める必要もありますが，それ以上に，それぞれの子どもたちがリーダーシップを発揮しやすいように，秩序ある集団にする必要があります。つまり12月くらいまでには，全体集団や自治的集団のレベルに育てる必要がありました。

　そうやって，ゴールから逆算していくと，以下のようなプランになりました。

01 起：基盤構築期〜願いを伝え緊張を緩和する〜

　学級担任として教師は，子どもと個別の関係をつくり信頼の基盤をつくりながら，一方で，当番，係を決めて学級の役割分担を明確にした上で，授業におけるルーティンを子どもに伝えて，学校生活のフレームをつくりました。

第３章　アクションはフォアキャストで　181

その前提として担任の願いを子どもたちに伝えてあります。学級目標を決める前に、互いのかかわり方など互いの人権を大事にすることも伝えました。また、4月3週目に実施される1年生を迎える会（一迎会）の事前指導では、6年生の動きをよく見てくること、一迎会で実施される縦割り班活動のゲームにおいて6年生を助けることが5年生の役割であることなどを指導し、六送会への積極的なかかわりの布石を打っておきました。

02 承：必要条件整備期〜教師の指導性を発揮して秩序をつくる〜

前項では、基盤整備期と必要条件整備期は明確に区分されていたような印象をもったかもしれませんが、実際は混在しています。信頼を獲得しながら、ルールを伝え、互いを傷つけることのリスクを下げておきます。トラブルも起きてきますから、教師主導で、子どもたちの話をよく聞き、利害調整していきます。大事なことを教えてから活動ではなく、教えながら活動できているところをフィードバックします。したがって、必要条件整備期と協力志

①必然的領域：一人一人と話す機会の確保、いじめ差別には毅然とした指導
②計画的領域：共感的かかわりの育成、生活・学習手順の徹底
③偶発的領域：子どもによる問題解決、学級の価値の創造

基盤構築期　　必要条件整備期　　協力志向育成期　　問題解決能力成長期

図37　学級育成プランの具体例（小学5年生）

向育成期も混在しているのです。混在していても，指導の重心は見失わないようにします。

　時期は，「重点」と捉えて実践します。教師主導で，交流活動を促し，会話量を増やし，認め合いの活動も多く設定し，あたたかい空間をつくっていくようにします。

03　転：協力志向育成期〜子どもの自由度を高め助け合いを促す〜

　クラスに秩序が形成され，あたたかさが醸成されてきているのを見取り，徐々に，交流活動や話し合い活動における教師の指導性を減らしていきます。実際に，話し合い活動では，「先生は，今日は3回しか話さないことを目当てにしています」と宣言するような担任もいました。

　「児童会祭り」とは，各クラスが出店を催すイベントですが，各クラスが，それを協力的な姿を育てるよい機会として設定していました。運動会においても，目当ての設定や，努力事項を子どもたちが話し合いましたが，教師の介入や方向づけはかなり減っていました。

　クラスの成長は，上り坂や階段状で順調なものではなく，ジグザクですし，いじめのような問題も起こりましたから，徐々に手放すとは言いながらも，必要条件整備期のようにクラスのルールや学級経営の方針に立ち返って，子どもに語り聞かせることも多々ありました。それでも，軸足は「手放す」ことに置きました。

　12月に六送会の実行委員会が組織されましたが，4クラスのどのクラスでも，実行委員の立候補がありました。

04　結：問題解決能力成長期〜任せて見守り承認し，個別に声をかけ続ける〜

　子どもたちの主体的な動きが活性化してきている時期ですが，それでもというか，だからこそ，トラブルはありました。動きが活性化すれば，ぶつかることが多くなるからです。それでも学級生活全体に支障をきたすようなことは各クラスで起きませんでした。全てではありませんが，子どもたちの話

し合いによってトラブルが解決することもありました。

六送会は，他の学年から称賛されるような盛り上がりを見せ，何よりも6年生から「感動した」と感謝されたことで多くの子どもたちが満足そうでした。子どもたちは，学級としても学年としてもまとまりや最高学年としての責任を感じたようでした。担任たちは，各クラスで，また，学年集会で子どもたちの努力を称えました。

その一方で進級にあたり，進路のことが気になったり，家庭環境の変化，友達関係の変化に心が揺れ動いたりする子どもは少なからずいました。日記指導を続けているクラスでは，そうした悩みや不安を，記述の中から見つけて話を聞いては，相談に乗っていました。

実践例をお読みになると，いつまでにどの時期を迎えればいいのかと気になるかもしれません。しかし，目安はありますが正解はないとしか言いようがありません。この実践の場合は，基盤構築期は，学級開きから2週間，必要条件整備期は，6月末まで，協力志向育成期は，11月末あたりまで，そして，学級じまいまでが，問題解決能力成長期です。

しかし，ここにはあまり囚われないでいただきたいと思います。荒れたクラスを担任していると，協力志向に行くまでに長い時間を要する場合もあります。また，落ち着いたクラスを担任したと思って喜んでいたら，それは子どもたちがかかわっていなかったから問題が見えなかっただけ，ということもあります。

自治的集団の育成は難しいと感じる方もいるでしょう。しかし，子どもたちが主体的に活動し，自分たちの問題を明るくあたたかく解決する姿を見たら，きっと取り組んでよかったと思うことでしょう。

クラスの成長は，行ったり来たりの繰り返しです。子どもたちの成長を期待することを前提に，期待しすぎないこと，しかし，あきらめないことが大事だと思います。

引用文献

1 髙橋朋彦「第２章「つなげる」から「つながる」へ」赤坂真二・髙橋朋彦『人間関係形成能力を育てる学級経営365日ガイドブック６年』明治図書，2024，pp.34-43

2 前掲１

3 松尾睦『職場が生きる人が育つ「経験学習」入門』ダイヤモンド社，2011，pp.35-38

4 前掲３

5 ハリー・ウォン，ローズマリー・ウォン，稲垣みどり訳『世界最高の学級経営 the FIRST DAYS OF SCHOOL ―How to be an effective teacher』東洋館出版社，2017，p.2

6 前掲５，p.294

7 前掲５，p.335

8 前掲５，p.335

9 ジョン・ハッティ，山森光陽監訳『教育の効果　メタ分析による学力に影響を与える要因の効果の可視化』図書文化，2018，p.265

10 前掲９，p.265

11 前掲５，p.43

12 前掲５，p.45

13 向後千春『上手な教え方の教科書　入門インストラクショナルデザイン』技術評論社，2015，p.35

14 前掲13

15 前掲９，p.266

16 前掲９，p.266

17 石田秀輝，古川柳蔵『正解のない難問を解決に導く　バックキャスト思考　21世紀型ビジネスに不可欠な発想法』ワニプラス，2018，p.19

18 前掲17，p.25

19 前掲17，p.22-23

20 無藤隆解説，馬居正幸，角替弘規制作『無藤隆が徹底解説　学級指導要領改訂のキーワード』明治図書，2017，p.92

21 中央教育審議会「幼稚園，小学校，中学校，高等学校及び特別支援学校の学習指導要領等の改善及び必要な方策等について（答申）」平成28年12月21日

22 中央教育審議会初等中等教育分科会教育課程部会「教育課程部会における審議の

まとめ」令和3年1月25日

23　田村学『深い学び』東洋館出版社，2018，pp.39-45

24　前掲23

25　前掲23

26　前掲23

27　松下佳代「「資質・能力」の総合的な育成をめざして「深い学び」に着目した教育改善を」，河合塾『Guideline11月号』2017，pp.28-31（最終閲覧日，2024年9月6日，https://www.keinet.ne.jp/teacher/media/guideline/backnumber/17/11/02toku.pdf）

28　前掲27

29　前掲27

30　北山修「第一章　共視母子像からの問いかけ」，北山修編『共視論』講談社選書メチエ，2005，pp.8-46

31　前掲30

32　前掲30

33　近藤卓『自尊感情と共有体験の心理学　理論・測定・実践』金子書房，2010，pp.1-9

34　近藤卓『自尊感情と共有体験の心理学　理論・測定・実践』金子書房，2010，p.125

35　前掲34

36　前掲34

37　河村茂雄『日本の学級集団と学級経営　集団の教育力を生かす学校システムの原理と展望』図書文化，2010，pp.75-76

38　前掲37，p.75

39　前掲37

40　杉田洋『よりよい人間関係を築く特別活動』図書文化，2009，p.132

41　河村茂雄『日本の学級集団と学級経営　集団の教育力を生かす学校システムの原理と展望』図書文化　2010，p.78

42　白松賢『学級経営の教科書』東洋館出版社，2017，pp.19-32

43　前掲42

44　白松賢『学級経営の教科書』東洋館出版，2017，pp.87-108

45　前掲44

46　前掲44

47　前掲44

48　ハリー・ウォン，ローズマリー・ウォン，稲垣みどり訳『世界最高の学級経営 the FIRST DAYS OF SCHOOL ―How to be an effective teacher』東洋館出版，2017，p.12

49　前掲44

50　前掲33

51　前掲44

52　ジョン・ゴードン，稲垣みどり訳『最強のポジティブチーム』日経BP，2018，pp.14-19

53　前掲52

54　ジョン・ゴードン，稲垣みどり訳『最強のポジティブチーム』日経BP，2018，pp.22-36

55　杉江修治『協同学習入門　基本の理解と51の工夫』ナカニシヤ出版，2011，pp.17-25

56　松尾睦『職場が生きる人が育つ「経験学習」入門』ダイヤモンド社，2011，pp.48-65

57　前掲42

58　前掲42

59　前掲42

60　前掲42

61　前掲42

62　リクルートワークス研究所「Works Report2020　5カ国リレーション調査【データ集】」2020a（https://www.works-i.com/research/report/item/multi_5.pdf　最終閲覧日2024年10月1日）

63　リクルートワークス研究所「次世代社会提言プロジェクト―マルチリレーション社会：個人と企業の豊かな関係―」2020b（https://www.works-i.com/research/report/item/multi2040_3.pdf　最終閲覧日2025年1月16日）

64　江村早紀，大久保智生「小学校における児童の学級への適応感と学校生活との関連：小学生用学級適応感尺度の作成と学級別の検討」『発達心理学研究』23(3)，2012，pp.241-251

65　前景64

引用文献　187

66　前掲64

67　前掲64

68　前掲64

69　石田秀輝，古川柳蔵『正解のない難問を解決に導く　バックキャスト思考　21世紀型ビジネスに不可欠な発想法』ワニプラス，2018，p.82-87

70　赤坂真二『指導力のある学級担任がやっているたったひとつのこと　真の指導力とリーダーシップを求めるあなたに』明治図書，2023

71　宇野弘恵「春休み子ども同士が安心してつながる土台をつくる」，赤坂真二・宇野弘恵『人間関係形成能力を育てる学級経営365日ガイドブック５年』明治図書，2024，pp.46-61

72　前掲71

73　前掲71

74　宇野弘恵「人間関係をフラットにして，つながりの地ならしをする」，赤坂真二・宇野弘恵『人間関係形成能力を育てる学級経営365日ガイドブック５年』明治図書，2024，pp.62-107

75　髙橋朋彦「学級の土台をつくる」，赤坂真二・髙橋朋彦『人間関係形成能力を育てる学級経営365日ガイドブック５年』明治図書，2024，pp.60-101

76　前掲70

77　松下崇「１年間を見据えて「つながる力」の基礎を育てる」，赤坂真二・松下崇『人間関係形成能力を育てる学級経営365日ガイドブック３年』明治図書，2024，pp.64-91

78　前掲77

79　前掲77

80　前掲77

81　前掲77

82　手塚郁恵「第二章　言葉は魔法使い」『好ましい人間関係を育てるカウンセリング　（シリーズ育てる学校カウンセリング　３）』学事出版，1998，pp.31-45

83　赤坂真二「低学年　５．ふわふわ言葉・チクチク言葉」佐藤幸司編著『とっておきの道徳授業18』日本標準，2021，pp.31-34

84　岡田順子「２　４月につながるシステムづくり」，赤坂真二・岡田順子『人間関係形成能力を育てる学級経営365日ガイドブック２年』明治図書，2024，pp.58-81

85　前掲84

86　前掲84

87　南恵介「第2章　土をつくる・種を蒔く　居心地良く過ごせる環境づくり」赤坂真二・南恵介『学級を最高のチームにする！365日の集団づくり5年』明治図書，2016，pp.28-111

88　前掲84

89　前掲84

90　前掲84

91　前掲84

92　前掲84

93　深井正道「3　5月～7月　子ども達同士のかかわる量を増やして質を高め，課題解決の経験をする」，赤坂真二・深井正道『人間関係形成能力を育てる学級経営365日ガイドブック4年』明治図書，2024，pp.96-127

94　前掲93

95　前掲93

96　ケリー・マクゴニガル，神崎朗子訳『スタンフォードのストレスを力に変える教科書』大和書房，2015，p.195

97　河村茂雄『学級集団づくりのゼロ段階　学級経営力を高めるQ-U式学級づくり入門』図書文化，2012，pp.17-19

98　前掲97

99　白松賢『学級経営の教科書』東洋館出版，2017，p.115-118

100　前掲99

101　前掲42

CONCLUSION

おわりに

　この本を手に取っていただきありがとうございました。今まで楽に書いた書籍は1冊もありませんが，本書の執筆は相当にエキサイティングな時間でした。

　執筆時間を確保するのがとても難しい状況にありました。きっと一流の執筆者のみなさんは，もっとスマートに仕事を進めているのだとは思いますが，私は元来，試行錯誤を繰り返しながら，書いては戻りを繰り返す，3歩進んで2歩下がるみたいな書き方をするので，一気に書くことや，1日に何ページと決めて計画的に書くことが苦手なのです。

　ただでさえ膨大な執筆時間が必要なタイプなのにもかかわらず，雑誌や新聞の連載などもあり，また，当然のことながら大学教員なので学部学生，大学院生の指導もします。

　所属する教職大学院では，9月から学校実習が始まりますから，8月中にその準備をします。学校実習は，学部の教育実習とは異なり既定のプログラムがあるわけではありません。連携校と呼ばれる実習校から提示された課題に対して，学術的な知見を活用しながら解決するのがそのミッションとなりますから，まさに「答えのない課題」です。したがって「定番の方法論」もありません。目標設定と方法論の策定には，時間を要します。

　一方で8月は，学校現場の研修の時期です。コロナ禍前ほどではありませんが，相当数の対面研修を実施し，北海道，関東，関西を行脚しました。そんな怒涛のような8月を終えると，教育実習を迎えます。小学校教諭免許を取得するメンバー11人の授業参観をします。授業参観は，複数の自治体で実施しているので，広範囲に散らばった実習校を回ります。

　実習校は実習校で忙しい中多くの実習生を指導してくださっていますから，授業参観や参観後の指導に留まらず校長先生，職員のみなさんにお礼を伝えることも大事な仕事となります。そうした間にも平日も休日も，研修をし，東北や関東を巡らなくてはなりませんでした。

そんな絶望的な状況を救ってくれたのが，本書のテーマでもある「バックキャスト思考」でした。自分自身は，学級経営に取り組むときには，逆向き設計で大体取り組んでいましたが，本の執筆は，割とフォアキャスト思考で取り組んでいました。しかし，今回は明確にバックキャスト思考を意識してアクションプランを立てました。

　書籍全体のゴールビジョンを描き，そして，いつもよりも詳細にプロットを立ててから，１日に何ページを書くか決め，フォアキャストで書き始めました。50ページくらいまではとても切ない時間の連続でしたが，100ページを超えるあたりから，エンジンがかかり出し，出勤すると数ページ書き，出張や学生指導を終えて帰ると，また数ページ書き，時には移動中に執筆し，ノルマをクリアしていきました。気づけば，想定を超えるページ数になり，また，１週間早く脱稿をしました。

　計画は立てたものの，イレギュラーなことが起こるのが日常です。その「まさか」の出来事に揺さぶられず，目標を達成できたのは，バックキャスト思考で仕事を進めることができたからではないかと思っています。苦難の連続でしたが，いざ書き上げてみると，なかなか面白い本になったのではないかと思います。

　今回も明治図書の及川誠さんに，執筆機会からヒントや励ましまでたくさんいただきました。また，いつもながらこちらの意図を的確に反映したイラストを描いてくださった木村美穂さんのおかげで形となりました。毎年，新刊を楽しみにしてくださっている方々もいらっしゃるとお聞きします。皆様のおかげで，こうして言葉と文字を積み重ねることができました。心より感謝申し上げます。本書が読者のみなさんの元気と勇気の一助となれば幸いです。

2025年２月　赤坂真二

【著者紹介】

赤坂　真二（あかさか　しんじ）

1965年新潟県生まれ。上越教育大学教職大学院教授。学校心理士。19年間の小学校勤務では，アドラー心理学的アプローチの学級経営に取り組み，子どものやる気と自信を高める学級づくりについて実証的な研究を進めてきた。2008年4月から，これから現場に立つ若手教師の育成，主に小中学校現職教師の再教育に関わりながら，講演や執筆を行う。

【著書】

『スペシャリスト直伝！　学級づくり成功の極意』(2011)，『スペシャリスト直伝！　学級を最高のチームにする極意』(2013)，『スペシャリスト直伝！　成功する自治的集団を育てる学級づくりの極意』(2016)，『スペシャリスト直伝！　主体性とやる気を引き出す学級づくりの極意』(2017)，『最高の学級づくりパーフェクトガイド』(2018)，『資質・能力を育てる問題解決型学級経営』(2018)，『アドラー心理学で変わる学級経営　勇気づけのクラスづくり』(2019)，『学級経営大全』(2020)，『アドラー心理学で考える学級経営　学級崩壊と荒れに向き合う』(2021)，『個別最適な学び×協働的な学びを実現する学級経営』(2022)，『指導力のある学級担任がやっているたったひとつのこと』(2023)，『明日も行きたい教室づくり　クラス会議で育てる心理的安全性』(2024)，以上明治図書。他，編著書など多数。

〔本文イラスト〕木村美穂

バックキャスト思考で創る学級経営

2025年2月初版第1刷刊　Ⓒ著　者　赤　坂　真　二
発行者　藤　原　光　政
発行所　明治図書出版株式会社
http://www.meijitosho.co.jp
(企画)及川　誠 (校正)吉田　茜
〒114-0023　東京都北区滝野川7-46-1
振替00160-5-151318　電話03(5907)6703
ご注文窓口　電話03(5907)6668

＊検印省略　　組版所 中　央　美　版

本書の無断コピーは，著作権・出版権にふれます。ご注意ください。

Printed in Japan　　ISBN978-4-18-501726-8
もれなくクーポンがもらえる！読者アンケートはこちらから